Simon Schmitt

Die jungen Depressiven

und ein Weg durchzukommen

Bibliografische Information der Deutschen Nationalbibliothek:
Die Deutsche Nationalbibliothek verzeichnet diese Publikation
in der Deutschen Nationalbibliografie; detaillierte bibliografische
Daten sind im Internet über http://dnb.dnb.de abrufbar.

2. Auflage
© 2015 Simon Schmitt
Herstellung und Verlag:
BoD – Books on Demand, Norderstedt

ISBN: 978-3-7386-0791-8

Meinen Eltern, Freya und Frau Scharl

Inhalt

Aufwärts

Vorwort

Wenn ich nur das Wort „Vorwort" sah, hatte ich schon keine Lust mehr weiterzulesen. Doch das half nichts. Ich brauchte eine Antwort auf die Depression und so bin ich in aussichtslosen Phasen oft durch Buchhandlungen geirrt und habe nach Werken gesucht, die mir irgendwie hätten weiterhelfen können. Wenn es auch nur einer Person genauso geht, ihr dieses Buch in die Hände fällt und sie etwas daraus ziehen kann, bin ich schon froh, dass ich mir die Arbeit gemacht habe. Außerdem ist es für mich selbst wichtig, meine eigenen Gedanken und Schlussfolgerungen so ernst zu nehmen, dass ich sie nach außen vertreten kann. Wenn man gesund werden will, muss man das lernen.

Für einige Überschriften hatte ich Liedtexte zitiert, da deren Aussagen es auf den Punkt bringen und mir eine simple Übersetzung davon zu schwammig klang. Allerdings sind die Richtlinien zu Kleinzitaten etwas ungenau, man darf nur seit 70 Jahren verstorbene Personen frei von Einschränkungen wiedergeben und es gibt Abmahnanwälte, die sich auf derartige Verstöße spezialisiert haben. Weil ich nicht warten wollte, bis alle tot sind (die Künstler, nicht die Anwälte) und die 70 Jahre vergangen, habe ich die jeweiligen Sätze abgewandelt und nur die Kernaussagen übernommen, damit keine Rechte verletzt werden.

Lange habe ich überlegt, wie detailliert oder trocken ich bestimmte Erlebnisse beschreibe, ohne dass sie zu Lasten des Zusammenhangs zu schnell abgehandelt sind, bzw. Mitleid-Gedöns entsteht. Letztendlich entschied ich mich für einen Mittelweg, der dem gerecht werden sollte. Beim Lesen darf jedoch keinesfalls der Eindruck entstehen, dass es erst einen drastischen Auslöser braucht, bis Handlungsbedarf besteht. Generell muss in diesem Punkt natürlich jeder seine eigenen Erfahrungen machen. Hätte man mir in manchen Angelegenheiten aber bereits auf halber Strecke gesagt, dass ich geradewegs in eine Sackgasse renne, wäre ich vorher umgekehrt.

Einleitung

Seit ich mich erinnern kann, frage ich mich, was die Leute anders machen, die ihr Leben augenscheinlich annehmen können, obwohl ihre Situation aussichtslos zu sein scheint. Mir stand die Welt offen, aber ich habe die Hälfte meiner Zeit kraftlos im Bett liegend, oder auf der Toilette verbracht. Meine Schwester weiß von klein auf, dass sie eine lebensbedrohliche Krankheit hat, ihr Körper ist von Natur aus schwächer als meiner und dennoch steht sie jeden Morgen ohne Murren auf und geht ihres Weges.

Als ich bereits eine Weile außer Gefecht war, fing ich an, mich in Büchern und Foren selbst schlau zu machen. Die Aussage, dass man in der Depression stets mit einem negativ verzerrten Blick durch die Welt gehe, fing an mich zu beschäftigen. Mir gefiel der Gedanke, dass ich alles nur etwas zu verdunkelt sehe und lediglich einen Weg finden muss, diese Brille abzusetzen. Wirklich daran glauben konnte ich nicht. Mein Körper rebellierte mit jedem Tag mehr, ich konnte kaum noch richtig schlafen oder essen und es gab offensichtlich nichts, wofür es sich noch gelohnt hätte aufzustehen. Obwohl das alles unveränderlich zu sein schien, ließ ich den Gedanken an ein besseres Leben zum Glück nicht los. Inzwischen habe ich verstanden, wie es zu all dem kam und wie ich den Prozess wieder umkehren konnte. Um zu erkennen, wo anzusetzen ist, musste mir allerdings erst einmal bewusst werden, wie ich in diesem Loch gelandet war.

Abwärts

The way we survive
makes us who we are

Sommer 2003 - Ich bin mit meiner Mutter, meiner Tante und meiner Schwester an der Ostküste der USA. Während wir in unserem Mietwagen unterwegs sind, holt mich zum ersten Mal ein Chaos aus Gedanken und Gefühlen ein, das mir in Zukunft noch öfter begegnen sollte. Ohne ersichtlichen Grund kann ich die Situation kaum ertragen und fange an, mich an allem zu stören, bis ich letztendlich nur noch um mich wüte. Mit aller Gewalt versuche ich klare Gedanken zu fassen, doch es klappt einfach nicht. Da ich bald 15 werde, denke ich, dass das etwas mit der Pubertät zu tun hat, aber es scheint noch mehr dahinter zu stecken.

Wir kommen gerade von einem Familientreffen der amerikanischen Selbsthilfegruppe von FA-Betroffenen. FA ist Fanconi-Anämie, meine Schwester hat diese Krankheit. Aufgrund eines Gen-Defekts kann es dabei schon im Kindesalter zu einer Rückbildung des Knochenmarks, Leukämie, Schleimhautkrebs oder Hirnblutungen kommen. Man schätzt, dass auf eine Million Geburten fünf bis zehn Neuerkrankungen kommen. Die Lebenserwartung soll 15 bis 20 Jahre betragen, höre ich immer. Meine Schwester ist zwei Jahre jünger als ich. Seit ich klein bin, läuft im Hintergrund der Gedanke mit, dass sie vielleicht nicht lange da sein wird. Doch ich kenne es nicht anders, mir ist die Tragweite nicht bewusst. Dennoch lasse ich sie kaum an mich heran und verhalte mich ihr gegenüber alles andere als brüderlich. Vor anderen beschütze ich sie zwar, selbst behandle ich sie aber auch nicht besonders gut. Wenn sie etwas falsch macht, wofür sie geärgert werden könnte, werde ich meist aggressiv und will sie dazu zwingen, es richtig umzusetzen. Es ist eine seltsame Mischung aus Belehren, Behüten und Abstand halten.

Die Anzahl der verstorbenen FA-Kinder, mit denen ich auf Treffen der deutschen Selbsthilfegruppe gespielt habe, kann ich bereits zu diesem Zeitpunkt kaum mehr zählen. Und will ich auch nicht. Und vor allem nicht darüber nachdenken, wie viele davon noch gehen werden. Das hat schon immer dazu gehört. Genauso, dass ich auf meine Schwester etwas mehr Acht geben muss, weil sie sehr schnell blaue Flecken bekommt. Doch ich weiß, dass es ihr im Vergleich zu anderen Betroffenen gut geht.

Nach dem FA-Treffen besuchen wir Anne, die seit drei Monaten ein Auslandsjahr in Ohio verbringt. Sie ist nicht *meine* Freundin, aber *die* Freundin.

Was Freundschaften angeht, habe ich ein eigenartiges System entwickelt. Anne steht über allem. Meine Mutter und meine Schwester sind mir nicht egal, aber ich pflege seit geraumer Zeit ein solches Verhältnis zu ihnen, dass ich mit ihrem Verlust irgendwie zurechtkommen könnte. Auch wenn es merkwürdig ist, wie intensiv ich mich mit diesem Gedanken auseinandersetze, kann ich nur vermuten, dass es etwas mit dem Tod meines Vaters, ein halbes Jahr nach der Geburt meiner Schwester, zu tun hat. Eigentlich scheine ich mich damit aber abgefunden zu haben, denn ich kann mit seiner Person kaum Gefühle in Verbindung bringen und habe auch keine einzige klare Erinnerung an ihn. Außerdem kenne ich viele andere Kinder, die ebenfalls ohne Vater aufgewachsen sind und von denen zeigt auch keines ein besonders auffälliges Verhalten. Es ist zwar schade, wenn man sieht, wie andere mit ihren Vätern zusammen Zeit verbringen, doch man arrangiert sich früher oder später damit. Nur diese ständigen Überlegungen, wie ich mich schützen kann, falls dem Rest meiner Familie auch etwas zustoßen sollte, können nicht ganz normal sein.

Obwohl ich Anne noch nicht einmal ein Jahr kenne, nimmt sie so die Rolle einer Schwester, einer Partnerin und irgendwie auch die, jeder anderen Bezugsperson ein. Bis dahin hatte ich mit Mädchen relativ wenig am Hut. Vorher waren PC-Spiele mein größtes Hobby, doch das hat sich über Nacht geändert. Die Möglichkeit, die Sorgen um alle anderen einfach mal vergessen und sich nur auf eine Person konzentrieren zu können, ist unbezahlbar. Oft werde ich gefragt, ob ich mich nicht in sie verliebt hätte, aber darum geht es mir nicht, obwohl sie überdurchschnittlich attraktiv ist. Es ist lediglich diese feste Instanz, die ich will, und auf eine bestimmte Weise braucht sie mich auch. Ich habe keine großen Ansprüche, bin jederzeit verfügbar, sage so gut wie nie „nein", dafür immer öfter „ja".

Als meine Familie und ich wieder in Deutschland sind, muss ich mich langsam mit dem Gedanken anfreunden, dass Anne nun noch neun Monate fort sein wird.

Für mich ist das der GAU. Das Prinzip, das hinter dieser Freundschaft steckte, hatte mir schließlich so etwas wie Leichtigkeit gegeben. Endlich konnte ich damit aufhören, mir bei jedem Krankenwagen, den ich in der Ferne hörte, sofort Horrorszenarien auszumalen oder einen Plan Z zu überlegen, falls ich tatsächlich von einem auf den anderen Moment alleine weiterleben müsste. Auch der Zwang, jederzeit auf alles so gut wie möglich vorbereitet zu sein, hatte etwas nachgelassen. Diese Freundschaft war extra nicht auf „unsicheren" Faktoren wie Liebe aufgebaut, sondern stand auf handfesten Argumenten, auch wenn das bedeutete, dass ich meine Bedürfnisse konsequent hinten anstellen musste. Doch dafür bekam ich eben Leichtigkeit und auf die wollte ich nicht mehr verzichten müssen.

Nun war Anne aber 6.000 Kilometer entfernt, wo ich keinerlei Einfluss darauf hatte, was mit ihr geschieht und was aus unserer Freundschaft wird. Bald darauf kann ich zum ersten Mal beobachten, wie sich meine Sorgen auf meinen Körper auswirken. Neben einer leichten Antriebsschwäche vernehme ich auch Magenbeschwerden, die in immer regelmäßiger werdenden Abständen kommen und gehen.

Omegatier

Winter 2005 - In den Weihnachtsferien holt mich meine Mutter nach einer Feier bei Bianca[1] ab. Anne wurde in ihrer Abwesenheit durch sie ersetzt. Wie das so schnell passieren konnte, verstehe ich selbst nicht ganz, doch ich habe das gleiche Programm und Gefühl kurzerhand auf eine andere Person übertragen. Diesmal ist das Verhältnis aber etwas lockerer, da ich inzwischen auch einen besten Freund habe, mit dem ich durch dick und dünn gehe. Bianca ist ebenfalls ziemlich hübsch und so gut wie jeder in meinem Freundeskreis würde ihr näher kommen wollen. Manchmal denke ich auch darüber nach, aber der Sicherheitsfaktor hat Priorität, das Verlangen nach Nähe muss sich hinten anstellen.

Auf der Heimfahrt erzählt mir meine Mutter, dass in dieser Nacht eine Freundin von uns an den Folgen einer Knochenmarktransplantation starb, der sie sich aufgrund ihrer Fanconi-Anämie unterziehen musste. Bisher hatte ich einen gewissen Abstand zu den meisten Verstorbenen, doch mit ihr habe ich in den letzten Jahren einige heitere Spieleabende verbracht. Trotzdem lässt es mich fast kalt, als ich davon erfahre, was mir auch nach einigen Tagen noch äußerst seltsam vorkommt.

---

[1] Um den Überblick zu wahren, habe ich allen Freundinnen, zu denen ich ein ähnliches Verhältnis wie zu Anne pflegte, fiktive Namen mit den Anfangsbuchstaben A bis E gegeben, in der Reihenfolge, in der ich sie kennengelernt habe. Sonstige Namen sind unabhängig davon gewählt.

Wir haben derweil Besuch von der Schwester eines anderen FA-Kindes. Sie ist in meinem Alter und wir sind uns während des letzten Familientreffens schon etwas näher gekommen. Es tut gut, jemandem um sich zu haben, der in einer ähnlichen Situation steckt. Sie kennt das, wenn einem ständig Gedanken über die Krankheit, Leben und Sterben durch den Kopf gehen. Und darüber, was eigentlich wichtig sein soll, in Anbetracht dessen, dass so viele, die wir kennen, vielleicht nie das Erwachsenenalter erreichen werden. Die meisten unserer Freunde mussten sich mit so etwas nie auseinandersetzen. Durch diesen gemeinsamen Nenner, haben wir bald ein anderes Verhältnis, als ich es bisher mit Anne oder Bianca kenne. Da sie aber 200 Kilometer entfernt wohnt und wir beide noch kein Auto fahren dürfen, bleiben wir vorerst nur telefonisch in Kontakt.

Meine Bauchschmerzen treten nun immer häufiger auf. Es liegt die Vermutung nahe, dass es sich dabei um Unverträglichkeiten gegenüber bestimmten Lebensmitteln handelt, noch kann ich aber nicht ausmachen, durch was genau sie hervorgerufen werden.

Sommer 2006 - Ich fahre mit meiner Familie nach Griechenland. Nach einigen Tagen macht mir wieder die „Sinnlosigkeit" von Urlauben zu schaffen. Wie immer habe ich dieses bedrückende, teilweise unerträgliche Chaos in meinem Kopf, wenn ich einfach nur wo bin, um dort zu sein. Sogar auf der Abschlussfahrt im Vorjahr hatte ich damit zu kämpfen. Ich kann nicht begreifen, wieso ich es nicht schaffe, lediglich zu entspannen. Es mangelt mir doch eigentlich an nichts. In diesen Phasen scheint aber alles völlig sinnlos zu sein und wenn man mir nur den kleinsten Grund dafür liefert, platzt der Zorn aus mir heraus. Diesmal endet es in einem so heftigen Streit, dass sich meine Mutter das Datum markiert.

Einen Monat später werde ich 18. Langsam aber sicher entfernen sich die Themen, die mich beschäftigen, weitestgehend von denen, die meine Freunde interessieren. Noch kann ich mich unter sie mischen, doch die Momente, in denen ich mich aus dem Geschehen ausklinke und in meinen Gedanken verliere, nehmen mit jeder Woche zu. Dabei verfalle ich stets in die selben wiederkehrenden Überlegungen über Leben und Tod, bis ich zwangsläufig zu dem Ergebnis komme, dass tatsächlich alles ziemlich sinnlos ist. Allmählich finde ich es aber äußerst seltsam, dass sich um mich herum wohl niemand die gleichen Sorgen macht. Es muss doch jemanden geben, der diese übertriebene Erwartung von Unglück und den ständigen Drang, sich gegen jede vorstellbare Gefahr so gut wie möglich wappnen zu müssen, kennt. Zwar stolpere ich inzwischen immer häufiger über das Wort „Verlustangst", es begegnet mir jedoch hauptsächlich in Fernsehsendungen, in denen jedes Schicksal bis zum verstorbenen Goldfisch breitgetreten wird und diese Schublade ist die letzte, in die ich mich stecken will.

Doch es ist nicht nur die Angst vor dem Verlassenwerden, die mich beschäftigt. Während meine Freunde relativ locker nach vorne schauen, plagen mich Existenzängste, obwohl absolut nichts dafür spricht, dass ich je auf der Straße landen könnte. Wir sind nicht arm, haben ein eigenes Haus und unser Ort besteht gefühlt zur Hälfte aus Verwandten, so dass man jederzeit bei jemandem unterkommen könnte. Dennoch verzweifle ich zunehmend an der Vorstellung, später nicht gut genug auf ein Leben vorbereitet zu sein, an dem ich kaum noch richtig teilnehme.

Mit der Zeit machen mich diese Entwicklungen immer unsicherer, in Gesprächen mit Freunden merke ich aber, dass es ihnen mit ihren Problemen ähnlich geht und vermutlich jeder eine Seite an sich hat, mit der man sich etwas verloren vorkommt. Viele meiner Gedanken entdecke ich auch in den Liedtexten einiger Bands. Sie behandeln ähnliche Themen und ihre Videos haben im Internet Unmengen an Aufrufen. So ungewöhnlich kann das, was in mir vorgeht, also nicht sein.

Abgesehen von all dem bin ich seit jeher sehr übereifrig, was Regeln angeht. Wenn meine Freunde mal wieder irgendwo etwas anstellen, versuche ich sie entweder davon abzubringen oder überlege mir bereits eine wasserdichte Ausrede anstatt mitzumischen. Dieses Verhalten nutzte aber nicht immer. Einmal bekam ich sogar Sozialstunden auferlegt, inklusive der unschlüssigen Argumentation „mitgegangen, mitgefangen, mitgehangen". Oder andersherum. Jedenfalls wurde mir angelastet, dass ich nichts unternommen hätte, als ein Mädchen aus unserem Ort den Feuerlöscher einer Tankstelle klaute, damit die Straße besprühte und laut „Ghostbusters" rief.

Musterschüler

Meine größte Stärke, gleichzeitig wohl aber auch Schwäche, ist der Drang zur Perfektion, der sich aus dem Zwang, stets auf jeden Umstand vorbereitet sein zu müssen, ergibt. Er verleitet mich dazu, immer an mir arbeiten zu wollen, lässt mich jedoch schnell alles hinschmeißen, wenn einmal etwas nicht nach Strich und Faden verläuft. Doch nicht nur darunter leiden meine Noten.

Vom Ende der Grundschule bis hin zur Abschlussprüfung verbinde ich mit Lernen extreme Konzentrationsprobleme. Es war mir all die Jahre schleierhaft, wieso ich mir plötzlich so schwer tat, obwohl mein Erfolg von klein auf vorprogrammiert zu sein schien. Schon zum Ende der Kindergartenzeit hatte ich mir das Lesen mehr oder weniger selbst beigebracht, wurde kurz darauf noch vor meinem sechsten Geburtstag eingeschult und war dennoch bei allen Tests ganz vorne mit dabei. Aus so einem aufgeweckten Kind hätte doch etwas werden müssen.

In der Zwischenzeit ging es hingegen bergab. Auf der Realschule durfte ich sogar eine Ehrenrunde drehen, obwohl ich erst im Jahr zuvor vom Gymnasium gekommen war. Und das auch noch wegen zu schlechter Leistungen in Englisch und Französisch, den beiden Hauptfächern meiner jetzigen Ausbildung zum Fremdsprachenkorrespondenten. Das schrie geradezu nach „Du kannst doch, wenn du willst!" Aber ich wollte wohl nie. Ich hatte es damals geradezu provoziert, das Schuljahr wiederholen zu müssen, um danach mit Anne in eine Klasse zu kommen. Als sie in die USA ging und mein Körper zu schwächeln anfing, hatte ich darauf gepokert, dass es wieder laufen würde, sobald sie zurück ist und wir erneut vereint sind. Sie kam allerdings in eine andere Klasse und ich hatte bereits Bianca kennengelernt, wodurch der Plan später hinfällig wurde. Da ich mir vor lauter Vorbereitung auf den Weltuntergang nie ernsthaft Gedanken darüber gemacht hatte, was ich später einmal werden will, meine Englischkenntnisse dank der Teilnahme an den amerikanischen Fanconi-Anämie-Familientreffen aber auf ein überdurchschnittliches Niveau gestiegen waren, entschied ich mich dafür, auf die Fremdsprachenschule zu gehen.

Wenige Wochen nachdem dort das neue Schuljahr begonnen hat, bemerke ich bereits, dass mich meine alten Lernprobleme erneut einholen. Sobald ich versuche den Stoff zu verinnerlichen, drifte ich immer wieder in die gewohnten Gedankenspiralen ab, bis ich es ernüchtert aufgebe. Mit der Zeit erkenne ich das als „Faulheit" an und gebe mich mit dieser Definition zufrieden. Einige Lehrer merken das und weisen mich ebenfalls auf diese Faulheit hin, ihnen jedoch zu erklären, dass bei meinen Lernversuchen absolut nichts hängen bleibt, sondern sich nur Gedanken bezüglich der Sinnlosigkeit des Daseins breit machen, wäre wahrscheinlich genauso sinnlos.

Unter Druck funktioniert es hingegen fast immer. Wenn es aufgrund wichtiger Noten indirekt um meine Existenz geht, bleiben die ständigen unangenehmen Bilder aus und ich kann mir mit komplizierten Eselsbrücken und Mustern innerhalb kürzester Zeit den Stoff der letzten Wochen einprägen. So hatte ich es damals auch irgendwie bis zur mittleren Reife geschafft. Der Anspruch meiner neuen Schule wird aber selbst für das beste Kurzzeitgedächtnis bald zu viel. Mit aller Gewalt versuche ich dem Unterrichtsgeschehen zu folgen, doch es will mir kaum noch gelingen.

Während ich immer weiter abschweife, wächst langsam Wut in mir heran. Es zerrt an meinen Nerven, den Schulalltag, die ständigen Bauchkrämpfe und diese elende Sinnhinterfragung unter einen Hut zu bringen. In Anbetracht der Probleme, die in meinem unmittelbaren Umfeld herrschen, will ich meine Zeit nicht mit dem „unwichtigen" Zeug verschwenden, das ich hier lernen muss. Gleichzeitig schäme ich mich aber für diese Einstellung, weil sich andere aufgrund ihres Gesundheitszustands eben nicht einmal fragen dürfen, was sie mit ihrer Zeit anfangen wollen.

Einige Wochen später ist der Schulstoff davon gerannt und ich bin stehen geblieben. Als der Berg an Problemen immer größer wird, leiste ich mir zunehmend freie Tage und hoffe, dass mich meine Crash-Lernmethoden im Notfall wieder retten werden. Aufgrund des ansteigenden Drucks beginnt nun aber auch noch das Einschlafen schwieriger zu werden.

Inzwischen habe ich eine eigene Wohnung im Mietshaus meiner Großmutter. Niemand bekommt mehr mit, was ich den ganzen Tag über treibe und ich verbringe die Zeit inzwischen gerne alleine. Gerede über belanglose Themen interessiert mich überhaupt nicht mehr. Da ich bei den meisten Leuten das Gefühl habe, sowieso nur an die Grenzen ihres Horizontes zu stoßen, gehe ich abgesehen von der Schule bald kaum noch außer Haus.

Manchmal muss ich aber. Weil Bianca und ich im Jahr zuvor ständig „wichtige" Dinge am Handy zu klären hatten und sich die Minutenpreise damals noch um die 50 Cent ansiedelten, darf ich meine halbe Jugend Zeitungen austragen, um die dreistelligen Beträge der Handyrechnung zurückzuzahlen.

Menschliches Versagen I

Herbst 2006 - Wie jeden Mittwoch mache ich mich auf den Weg, um die Blätter zu verteilen. Da ich in der Nacht zuvor nur zwei Stunden schlafen konnte, bin ich ziemlich erschöpft, aber da stimmt noch etwas anderes nicht. Anfangs fühle ich mich nur ein bisschen komisch, doch nach einigen Schritten schießen mir ständig die gleichen schlimmen Bilder durch den Kopf. Andauernd muss ich an die Freundin denken, die an Weihnachten verstarb. Und dann an meine Schwester, wie sie im Krankenhaus liegt, mit Schläuchen im Gesicht. Gedanken an den Moment, vor dem ich mich schon immer fürchte, bisher aber nie an mich herangelassen hatte. Mit einem Mal kann ich mich nicht mehr dagegen wehren.

Den ganzen Tag über treibt es mir beim Laufen Tränen in die Augen. Auch die Vorstellung selbst zu sterben, irgendwann nicht mehr da zu sein, und dass sich die Welt dann einfach weiterdrehen wird, ist plötzlich unerträglich und lähmt meinen ganzen Körper. Krampfhaft versuche ich an etwas anderes zu denken, doch nichts kann mich mehr davon ablenken. Und ganz tief in dieser Angst liegt auch etwas Vertrautes, das ich mit einem Zeitpunkt verbinde, an dem meine Schwester und ich noch ganz klein waren. Als wolle mir gerade etwas bewusst werden, was ich seit Ewigkeiten hinten angestellt habe. Das ist in diesem Augenblick gleichermaßen beruhigend und erschreckend.

Auch am nächsten Tag geht mir alles so nahe, dass selbst, wenn ich nur im TV oder in der Zeitung etwas Schlimmes sehe, ich augenblicklich mitleide. Anfangs hoffe ich, dass es nur am Schlafmangel gelegen hat und die Angst wieder verschwindet, sobald ich mich einmal richtig ausgeschlafen habe, doch sie bleibt. Selbst beim Fußball- und Videospielen holt sie mich ein. Dass die Gedanken im Unterricht und beim Zeitungaustragen leichtes Spiel hatten, war nicht so verwunderlich, aber dass sie mich nun sogar in Aktivitäten, die Spaß machen sollten, nicht mehr in Ruhe ließen, ist zu viel.

Irgendein Fass muss übergelaufen sein. Alle Präferenzen haben sich auf einen Schlag verändert und bei jeder Ungerechtigkeit und jedem Leid, das ich aufschnappe, bin ich sofort berührt. Als wäre alles Kindliche in mir, wenn man davon überhaupt noch sprechen konnte, von ein auf den anderen Tag verflogen und damit auch mein Antrieb.

Um etwas Abstand zu gewinnen, flüchte ich mich in der Woche darauf zu der Freundin, die uns in den Weihnachtsferien besucht hatte. Aufgrund der ähnlichen Situation mit ihrer Schwester hoffe ich darauf, dass sie noch am ehesten nachvollziehen kann, was in mir los ist.

Nach ein paar gemeinsamen Tagen geht es mir tatsächlich besser. Zwar nicht so, wie vor dem seltsamen Einbruch, dennoch schaffe ich es, wieder klarere Gedanken zu fassen. Bald darauf wird das Verhältnis zu meiner neuen Freundin immer inniger, bis daraus sogar meine erste richtige Beziehung entsteht.

Depressionen waren schon immer ein Thema zuhause, unter anderem weil mein Vater damit Probleme hatte, aber bedeutete das zwangsläufig, dass es auch mich erwischt? Mit diesem Anliegen besuchen meine Mutter und ich unseren Hausarzt, der schon meinen Vater behandelt hatte. Er erklärt, dass ich erst zu einem Neurologen muss, bevor er mich zum Psychotherapeuten schicken kann. Wir bemühen uns daraufhin, so bald wie möglich einen Termin beim nächsten Nervenarzt zu bekommen, doch scheinbar spinnt die halbe Stadt, wenn es auf den Winter zugeht. Obwohl dort vier Ärzte angestellt sind, ist die Praxis für mehrere Monate ausgebucht.

Als ich meiner Klassenleiterin den Sachverhalt erkläre, empfiehlt sie mir einen Psychotherapeuten, mit dem eine ihrer Bekannten gute Erfahrungen gemacht hat. Bei ihm bekomme ich auch zügiger einen Termin. Nachdem ich dort erzählt habe, was in mir vorgeht, lässt er mich einen Persönlichkeitstest bearbeiten. Dieser ergibt, dass mein Mitgefühl und meine Empathiefähigkeit überdurchschnittlich ausgeprägt sind, eine Depression schließt der Therapeut aufgrund meines Verhaltens während der Sitzungen aber aus. Auch der Neurologe ist einige Wochen und ein paar Tests später nicht der Meinung, dass ein akutes Problem vorliegt, erklärt aber, dass man in Zukunft mit aufputschenden und stimmungshebenden Medikamenten, sogenannten „Uppers", nachhelfen könnte, falls die Antriebsschwäche anhält.

Da aus fachmännischer Sicht alles in Ordnung zu sein scheint, gehe ich davon aus, dass es an meiner Einstellung liegt und nehme mir vor, mich in Zukunft zusammenzureißen. Das endet damit, dass ich einige Tage später nicht einmal mehr die Kraft finde, morgens aufzustehen und zwei Wochen lang auf der Couch vor mich hinvegetiere.

Bei meiner Freundin kommt es währenddessen häufiger zu ausufernden Streitereien zwischen ihren Eltern. Als die Situation eskaliert, ruft sie mich verzweifelt an und erklärt, dass sie es dort nicht mehr aushalten könne. Daraufhin mache ich etwas, was ich früher nie getan hätte. Obwohl ich die Konsequenzen kaum einschätzen kann, treffe ich eine nachhaltige Entscheidung und stelle dabei die Gefühle einer Person über die rationale Einschätzung der Situation.

In einer Nacht-und-Nebel-Aktion beschließen wir, dass sie ihr Zeug packt, ich sie abhole, und wir fortan zusammen bei mir wohnen. Uns ist zwar nicht ganz klar, was wir da tun, aber es fühlt sich auch nicht falsch an. Da meine Partnerin zu diesem Zeitpunkt noch 17 ist, befürchten wir, dass ihre Mutter die Polizei ruft oder uns sogar selbst verfolgt, doch wir versuchen uns nicht verrückt zu machen.

Das erledigen andere für uns. Als wir unterwegs etwas zu Essen besorgen wollen, dauert es einige Minuten, bis die Angestellte hinter der Theke auftaucht und sich entschuldigt: „Sorry, bin gleich da, ihr seid ja nicht auf der Flucht, oder?" – Künstlich lachend schütteln wir unsere Köpfe. Doch wir kommen davon. Keine Polizei, keine Mutter.

In den Tagen darauf planen wir, wie es von nun an weitergehen soll. Für den ein oder anderen hat es von außen sicher nach einer jugendlichen Dummheit ausgesehen, doch aufgrund der ähnlichen Situation, dem Chaos, das uns noch erwarten würde, der damit einhergehenden Aussichtslosigkeit und dem Mangel an Alternativen, steht für uns außer Frage, dass wir dazu verdammt sind, den Rest unseres Lebens gemeinsam zu verbringen.

Menschliches Versagen II

Anfang 2007 wird meine Freundin schwanger, im Sommer heiraten wir. Wir wohnen inzwischen wieder im Haus meiner Mutter und meiner Schwester und unser Leben scheint endlich so zu laufen, wie man sich das ungefähr vorstellt. Das lässt zwischenzeitlich auch all die vergangenen und bevorstehenden Schrecken vergessen. Wir bauen uns in den gewohnten Trümmern ein eigenes Leben auf. Das einzige was dabei regelmäßig stört, ist das starke Asthma meiner Frau. Die ungenauen Angaben zu Nebenwirkungen der Notfallmedikamente während einer Schwangerschaft machen mir zwar Sorgen und verstärken meine Magen-Darm-Beschwerden, doch das sind Probleme, die sich bewältigen lassen und wir sind so vorsichtig wie nur möglich.

Sommer 2007 - Das letzte Ausbildungsjahr liegt vor mir. Wenn alles klappt, werde ich direkt nach der Schule einen Job suchen. Nun läuft alles nach Plan.

Dann beginnt die letzte Woche der Sommerferien. Meine Frau ist im achten Monat und wir schließen am Morgen noch eine Familienversicherung ab. Mittags klagt sie über unnatürliche Bauchschmerzen, weswegen ich sie sicherheitshalber ins Krankenhaus bringe. Da dort nichts Ungewöhnliches festgestellt werden kann und wir nur 20 Minuten von der Klinik entfernt wohnen, entscheiden wir uns dafür, wieder nachhause zu fahren. Wir legen unsere übereifrige

Vorsicht, die wir uns unser ganzes Leben lang angeeignet haben, für einen Moment ab.

Zuhause angekommen legt sich meine Frau ins Bett, doch nach einigen Minuten stellt sie Blutungen fest, woraufhin wir sofort einen Krankenwagen rufen. In meinem Kopf spielt sich ein bekannter Film ab. Erzählungen von FA-Angehörigen, bei deren Kindern Probleme aufgetreten sind und denen die Zeit davon gelaufen ist. Dieses Mal stehen wir aber nicht auf dieser Seite, dieses Mal muss es gut ausgehen.

Die Sanitäter kommen an und bringen meine Frau zum Krankenwagen. Sie schreit aufgrund unerträglicher Schmerzen, doch die Ruhe der beiden Männer lässt mich schlussfolgern, dass die Situation unter Kontrolle ist. Nachdem sie einige Minuten die Werte gecheckt haben, wird es plötzlich hektisch und sie sagen mir, ich solle ihnen hinterherfahren. Während die Abfahrt vorbereitet wird, höre ich etwas über den Funk. Eine spezielle Kinderärztin muss erst aus einer weiter entfernten Klinik zu unserem Krankenhaus gebracht werden. Dann schließen die Sanitäter die Türen und fahren los.

Auf der Mitte der Strecke bleibt das Fahrzeug plötzlich stehen. Aus der anderen Richtung kommt ein Notarztwagen, eine Frau springt von dort in den Krankenwagen und sie fahren langsam weiter.

Als wir im Klinikum ankommen, beginnt Chaos. Die Ärztin ruft durch die Gänge, wieso bestimmte Geräte nicht auf allen Etagen verfügbar seien. Nach einem Ultraschall stellt sich heraus, dass es sich um eine vorzeitige Plazentaablösung handelt. Mutter und Kind verlieren Blut und es muss notoperiert werden.

Ich setze mich vor den Kreissaal und glaube noch immer daran, dass dieses Mal alles gut ausgeht. Es kann gar nicht sein, dass ausgerechnet bei uns wieder etwas schief gehen soll. Nicht jetzt.

Nach einiger Zeit höre ich aus einem Nebenraum Stimmen. Zwei Männer unterhalten sich anscheinend über die Ärztin, die mittags meine Frau untersucht hat, ich kann jedoch nur ein paar Brocken heraushören: „…hat sie nach Hause gehen lassen…Mutter überlebt vielleicht…und das Kind stirbt jetzt…" Ich rede mir ein, dass ich mich verhört habe. Die beiden Ärzte verlassen das Zimmer und kommen mir entgegen. Auf meine Nachfrage antworten sie, dass man noch nichts Genaueres sagen könne.

Etwas später werde ich hinein gerufen. Meine Frau kommt gerade wieder zu Bewusstsein. Eine Schwester sagt uns, dass sie sich in einem anderen Raum um das Baby kümmern würden. Wir versuchen hoffnungsvoll zu bleiben und reden über Geschlecht und einen Namen. Kurz darauf kommt eine Ärztin auf uns zu. Sie schaut uns an und schüttelt nur langsam ihren Kopf. Dann werden wir in einen anliegenden Raum gebracht und dürfen unser lebloses Kind für einige Minuten halten. Währenddessen hören wir durch die Wände, wie die anderen Neugeborenen ihre ersten Schreie machen.

Menschliches Versagen III

Aufgrund des Notkaiserschnitts muss meine Frau einige Tage im Krankenhaus bleiben. Während dieser Zeit schaffen es zwei Angestellte ins Zimmer, die uns zur Geburt unseres Kindes gratulieren bzw. fragen, ob die Mutter das Baby stille, ich habe aber nicht einmal mehr die Kraft mich aufzuregen. Das Schlimmste, was passieren konnte, ist längst eingetreten.

Eine Woche später beginnt das neue Schuljahr. Inzwischen kann ich gar keine Nahrung mehr aufnehmen, ohne direkt Krämpfe zu bekommen, was mich nun aber kaum noch interessiert.

Nach dem ersten Unterrichtstag erkläre ich der Schulleiterin, dass ich aufgrund der Ereignisse zwischenzeitlich nicht zuhause war und deswegen bestimmte Unterlagen nicht mitbringen konnte. Nachdem ich ihr die ganze Geschichte erzählt habe, entgegnet sie mir mit den Worten: „Wenn Sie schon am Anfang des Schuljahres mit Schlampereien anfangen, kann das ja was werden." Mir kommt in dem Moment leider nicht in den Sinn, den Schreibtisch zwischen uns auf sie zu werfen. In Anbetracht der Situation wäre ich vielleicht sogar damit durchgekommen.

In den Monaten darauf habe ich selbst kaum Zeit zum Trauern, versuche aber so gut es geht für meine Frau da zu sein. Mehrmals unter der Woche liege ich fast die ganze Nacht wach, um sie zu trösten und muss morgens wieder direkt in die Schule. Damit komme ich irgendwie klar, viel schlimmer sind hingegen die Asthmaanfälle, die zwangsläufig mit den Heulkrämpfen meiner Frau einhergehen. Über ein halbes Jahr entsteht so im Wochentakt die Situation, dass sie keine Luft mehr bekommt und ich nicht genau weiß, wie viele Minuten bleiben, bis sie erstickt. Manchmal wird sie dabei ohnmächtig und ich kann nur überprüfen, ob sie weiter atmet oder wir müssen mitten in der Nacht ins Krankenhaus, wo man ihr Notfallspritzen verabreicht.

Nach einigen Wochen kann ich spüren, wie die Momente, angefangen beim Warten vor dem Kreissaal, bis hin zu den unzähligen Asthmaanfällen, bei denen es um Sekunden zu gehen scheint, das Leben aus mir heraussaugen. Und es gibt einfach keinen Ausweg. Kein Arzt, kein Betroffener in Internetforen, schlichtweg niemand hat eine Antwort darauf, was man langfristig dagegen tun soll. Meine Verzweiflung und meine Wut auf alles und jeden wachsen mit jedem einzelnen Tag.

Die ständige Androhung eines weiteren Verlustes schlägt mir bald so stark auf den Magen, dass ich im Frühling einen Termin bei einem Internisten vereinbaren muss. Schon im Vorfeld der Untersuchung reitet er immer wieder darauf herum, dass ich wohl keine Lust auf die Schule hätte, nachdem ich ihm erklärt habe, dass die Beschwerden in den Ferien eindeutig schwächer ausgeprägt waren. Während der Magenspiegelung regt er sich auch noch lautstark darüber auf, dass ich nicht komplett ruhig liegen bleiben kann, als der Schlauch des Gastroskops in meinem Hals steckt.

Einige Tage später bekomme ich die Diagnose: Reizdarm-Syndrom. Der Arzt sagt, ich solle mich im Internet darüber schlau machen. Während der Behandlung ist er unverschämt, die Beratung ist einfach nur lächerlich, aber ich habe verlernt, mich zu wehren und nicke nur ab.

Da mir ein anderer Patient im Wartezimmer erzählt, dass seine Frau die gleiche Diagnose erhalten habe und man kaum etwas dagegen machen könne, recherchiere ich erst gar nicht. Stattdessen setzt sich meine Mutter mit dem Thema auseinander und findet heraus, dass die Psyche nicht selten eine tragende Rolle dabei spielt. Die überzeugendste Aussage auf einer Info-Webseite lautet allerdings: „Die Diagnose Reizdarm-Syndrom wird meist dann gestellt, wenn der Arzt keine Ahnung hat, was es sonst sein könnte."

Abgrund

Als der Sommer beginnt, wagen meine Frau und ich wieder langsame Schritte Richtung Normalität. Die einzigen Freunde, mit denen wir noch etwas unternehmen, sind ebenfalls verwaiste Eltern, die wir während des Besuchs eines Selbsthilfetreffens kennengelernt haben.

In dieser Zeit kommt wiederholt die Frage auf, ob Fanconi-Anämie etwas mit den Problemen in der Schwangerschaft zu tun hatte. Da ich bereits als Kind untersucht wurde, sind wir stets davon ausgegangen, dass ich kein Träger des Gen-Defekts bin und die Krankheit somit nicht weitervererben kann. Weil wir uns aber unsicher sind, ob wirklich beide Genstränge getestet wurden und auch keine Unterlagen darüber existieren, entscheiden wir uns für eine erneute Untersuchung.

Bald darauf lassen wir uns bei einem Professor, den wir bereits von einigen FA-Treffen kennen, das für den Test notwendige Blut abnehmen. Danach unterhalten wir uns mit ihm über unsere gesundheitlichen Entwicklungen. Bei seinen Fragen fällt mir auf, dass es nicht mehr nur mein Bauch ist, der ständig Probleme macht, sondern inzwischen in meinem ganzen Körper ein Unbehagen herrscht, als würde er nicht mehr richtig zum Rest von mir gehören. Die psychischen Belastungen scheinen sich neben meinen Magenproblemen zunehmend in physischen Beschwerden zu äußern. Auf Dauer wird es so nicht weitergehen können.

Einige Wochen später teilt man meiner Frau und mir während eines FA-Familientreffens das Ergebnis der Untersuchung mit. Obwohl die Wahrscheinlichkeit äußerst gering war, sind wir tatsächlich beide Träger des Gen-Defekts.

Mit jedem Rückschlag und jedem Asthmaanfall schwindet die Hoffnung, doch noch irgendwann ein halbwegs normales Leben führen zu dürfen. Als es auf den Winter zugeht, kann ich kaum mehr einschlafen und egal was ich esse, mein Körper rebelliert innerhalb von Minuten. Daraufhin suche ich nochmals den Neurologen auf, dem ich bereits vor zwei Jahren einen Besuch abgestattet habe. Er diagnostiziert diesmal eine depressive Verstimmung, vielleicht saisonal abhängig, und verschreibt mir ein Medikament.

Das erste Mal Antidepressiva. Ein Szenario, das ich mir schon oft ausgemalt habe, von dem ich aber trotzdem dachte, ich sei meilenweit davon entfernt. War ich auch mal. Von Beginn an macht mich das Zeug nur müde und schlapp. Ich schlafe 14 Stunden am Tag, ansonsten bin ich am Essen oder liege erschöpft im Bett. Somit verweile ich den kompletten Winter über im Standby-Modus. Bald darauf gehen mir die Gründe aus, wieso ich überhaupt noch aufstehen soll.

Das Letzte, was bleibt, ist die Familie und der Zusammenhalt. Da anderen eine Freude zu bereiten, das Einzige ist, was mir selbst noch Freude macht, bin ich meinen vier jüngeren Schwagern und Schwägerinnen gegenüber so großzügig wie möglich, obwohl ich selbst oft knapp bei Kasse bin. Mit den zwei Kleinsten fahren wir ans Meer bzw. in die Berge, dennoch wird jegliches Wohlwollen bei ihnen zuhause nicht geschätzt, vielmehr wächst eine Stimmung gegen meine Familie und mich heran. Anfangs versuche ich meiner Frau zu Liebe darüber zu stehen, doch schon bald läuft die Sache aus dem Ruder.

Als wir im Herbst zusammen mit ihren Geschwistern und ihrer Mutter in den Urlaub fahren und diese in einem Gespräch mit meiner Gattin damit beginnt, meinen Vater, meine Schwester und mich zu beleidigen, ist auch dieses Kapitel beendet. Weil meine Frau Angst hat, dass sie bei einem Streit den Kontakt zu ihrer erkrankten Schwester erschwert bekommen könnte und sie in den letzten zwei Jahren schon genug mitmachen musste, zwinge ich mich abermals dazu, meinen Ärger zu schlucken, was mir allerdings nur bedingt gelingt.

Ich bin fertig. Alles Erstrebenswerte, jeder einzelne Traum ist geplatzt. In den letzten drei Jahren habe ich fast 30 Kilo zugenommen, kann nicht mehr einschlafen und nichts mehr essen, ohne direkt Krämpfe zu bekommen. Längst habe ich mich aus allem, was mir je etwas bedeutet hat, zurückgezogen. Und trotz der Schmerzen, die ich danach habe, finde ich nur noch im Frustfressen Trost. Es gibt einfach nichts mehr, woran ich Spaß habe, was das Leben in irgendeiner Form lebenswert macht. Ich will nur noch meine Tabletten und schlafen und erst wieder aufwachen, wenn dieses Dasein etwas zu bieten haben sollte.

Zu jeder Zeit habe ich versucht, nicht zu verbittern und lieber an mir zu arbeiten, als es auf die Umstände zu schieben, aber nun reicht es. Nach einigen Wochen bekomme ich Wutanfälle, jede Kleinigkeit lässt mich nur noch Hass gegen alles verspüren. Ich will mir von niemandem mehr etwas sagen lassen, der mir nicht erklären kann, wie ich mich aus dieser Situation befreien soll.

Das Verhältnis zwischen mir und den anderen im Haus spitzt sich währenddessen so zu, dass sie mich dazu zwingen, einen Termin bei einem Psychotherapeuten zu vereinbaren. Bei dem Telefonat mit der Vermittlungsstelle erfahre ich zwar, dass der nächste freie Verhaltenstherapeut über 50 Kilometer entfernt ist, weil ich diesen Zustand aber auch selbst kaum noch aushalten kann, stimme ich notgedrungen zu, dort vorstellig zu werden.

Im Kreis

Wut der Verzweiflung

Da mir meine Magenbeschwerden keinen gewöhnlichen Tagesablauf mehr erlauben, meine Mutter als Rechnungsführerin der FA-Selbsthilfegruppe in ihrem Büro bei uns zuhause ausbilden darf und der Verein eine günstige Arbeitskraft benötigt, entscheide ich mich dafür, diese Möglichkeit zu nutzen und trete somit eine zweite, kaufmännische Ausbildung an.

Fast gleichzeitig komme ich so in eine neue Klasse, als auch die ersten Termine bei meinem Verhaltenstherapeuten anstehen. Bei ihm lerne ich unter anderem an meiner Frustrationstoleranz zu arbeiten und erfahre von verschiedenen Entspannungstechniken, doch allein mit jemandem zu reden, der wissen muss, wie das Leben spielen kann, aber dennoch den Eindruck macht, psychisch und physisch äußerst fit zu sein, tut gut.

Inzwischen bin ich 21 und damit drei Jahre älter als der Durchschnitt meiner Berufsschulklasse. Der Altersvorsprung bringt auch einen gewissen Erfahrungsschatz mit sich und ich wirke wohl ganz vernünftig, denn ich werde zum Klassensprecher gewählt, komme wieder mit Leuten in Kontakt und gehe nach dem Unterricht ab und an mit ihnen essen. Bald weiß zwar jeder, dass ich bereits verheiratet bin, da die Schule aber weit genug von unserem Ort entfernt liegt, hat niemand eine Ahnung, was genau mit mir los ist. Wie vielen anderen Depressiven liegt mir das Schauspiel, dass es mir blendend geht und ich bin auch alles andere als humorlos.

An Weihnachten möchte meine Frau erstmals seit dem Streit im Urlaub ihre Familie besuchen. Da sie noch immer regelmäßig ohnmächtig wird, traue ich mich nicht, sie die weite Strecke alleine fahren zu lassen und komme mit. Weil ihre Mutter mich aber nicht sehen will, muss ich drei Tage alleine im Haus der Großmutter verbringen. Allerdings kann ich mich auch nicht dagegen auflehnen, da der Gesundheitszustand meiner Schwägerin schlechter geworden ist und meine Frau Angst hat, sie bei einer erneuten Auseinandersetzung wieder für längere Zeit nicht sehen zu können. Weiterhin versuche ich darüber zu stehen und rede mir ein, dass das nur eine Sache der Selbstbeherrschung sei.

Als die Weihnachtsferien zu Ende sind, komme ich wie die Jahre zuvor aus meinem tablettengestützten Winterschlaf. In der Schule sitze ich neben Christin. Meistens unterhalten wir uns über belanglose Dinge, wie das Fernsehprogramm des Vorabends. Sie ist nur fünf Jahre jünger als ich, doch manchmal scheinen Welten zwischen uns zu liegen. Alles wovon sie noch träumt, habe ich quasi schon hinter mir, ohne Hoffnung darauf, dass es jemals so wird, wie ich mir das in ihrem Alter ausgemalt hatte. Bei einem dieser Gespräche wirft sie mir einen Blick herüber, der so hämisch wirkt, dass er mich einige Zeit beschäftigt.

Wie ich mich wohl anschauen würde, wenn ich mit 16 hätte sehen können, dass das hier aus mir wird? Damals, als ich noch täglich Sport getrieben habe und jedes Wochenende unter Leute ging. Als Schlafen, Essen, Freunde treffen noch die normalsten

Dinge der Welt waren und ich nie gedacht hätte, dass ich einmal in diesem verfluchten Loch landen würde.

Nach ein paar Tagen beginnt es in mir zu rattern. Das hier darf es doch noch nicht gewesen sein... Dieser eine dumme, abwertende Blick von Christin und die Tatsache, dass ich mal kein Stück schlechter war, packen mich von diesem Moment an. Von einer unglaublichen Wut angetrieben, finde ich plötzlich die Kraft täglich ins Fitnessstudio zu gehen, meine Ernährung umzustellen und mich gelegentlich mit Christin in der Mittagspause zu treffen. Schon bald eifere ich unentwegt der Vorstellung nach, endlich wieder regelmäßig auszugehen und am Leben teilzunehmen.

Meine Frau nicht. Sie versteht nicht, was ich an meinen neuen Mitschülern finde und zwingt mich indirekt zu einer Entscheidung zwischen weiterer Isolation und Neuanfang. Zum Teil kann ich das zwar nachvollziehen, auch ihre Eifersucht, es widerstrebt mir jedoch im tiefsten Inneren, mir diese Gelegenheit, mich aus meinen Ketten zu reißen, verbieten zu lassen. Bald kann ich nicht mehr anders und nehme mir heraus, das zu tun, wonach mir ist und zwischen Christin und mir entwickelt sich meine erste richtige Freundschaft seit fast zwei Jahren. Da ich mich einige Wochen später noch mit einer anderen Gruppe in der Klasse anfreunde, habe ich bald auch wieder die Möglichkeit, am Wochenende unter Leute zu gehen. Zeitgleich bringe ich meinen Körper zurück in Form und zeige in der Therapie weiter Fortschritte, wo meine Einstellung auch befürwortet wird.

Das Verhältnis zwischen meiner Frau und mir wird derweil immer schlechter. Sie kommt inzwischen sogar mit, wenn ich mich mit meinen Freunden treffe, dennoch können wir hinsichtlich der Frage, wie es nun zwischen uns weiter gehen soll, keinen gemeinsamen Nenner finden. Asthma und ihre Mutter bleiben Streitthemen, die die Beziehung enorm belasten. Während meine Frau alles verdrängt, will ich unbedingt aufarbeiten.

Um zu sehen, ob wir es unter besseren Umständen überhaupt noch miteinander aushalten, fahren wir im Sommer an unseren Lieblingsort in Norwegen. Dort finden wir uns für einige Zeit wieder, kurz darauf aber auch die Differenzen, die kaum noch einen normalen Umgang miteinander erlauben.

Das Jahr vergeht und wir leben uns auseinander. Dabei kann ich vor allem das Gefühl, für ihre Gesundheit verantwortlich zu sein, nicht mehr ertragen. Schon wenn sie nur leicht hustet, krampft sich in meinem Bauch alles zusammen. Sie wirft mir vor, dass ich mich zu stark verändert hätte und nicht mehr der Gleiche sei, und damit hat sie Recht. Aber ich musste mich verändern. Anstatt mich gegen diese Vorwürfe zu wehren, nehme ich kommentarlos hin, dass sie sich bei meiner Mutter darüber auslässt. Um keinen Preis will ich sie ihr als engste Bezugsperson streitig machen und bilde mir ein, eigenen Ärger einfach unterdrücken zu können. In solchen Angelegenheiten an mich zu denken, ist ohnehin schon seit längerem nicht mehr drin. Meine Erfahrungen mit aussichtslosen Situationen zwingen mich inzwischen jederzeit zu der Entscheidung, anderen in ihrer Not helfen zu müssen und zurückzustecken, wenn dadurch ein höheres Gut erhalten oder geschützt wird.

Hochzeit

Im Rahmen einer Spendenaktion der Deutschen Fanconi-Anämie-Hilfe will ich einer Passantin an unserem Infostand erklären, worum um es sich bei FA handelt. Bevor ich meinen Satz beenden kann, hebt die Dame jedoch belehrend den Zeigefinger, erklärt im Gegenzug „ALLES ist *psychosomatisch!*" und läuft in seltsam anmutendem Schritt an mir vorbei.

So blödsinnig die Aussage auch war, bekommt dieser Begriff fortan einen gesonderten Platz in meinem Wortschatz, denn nicht nur bei mir, sondern auch bei meiner Frau zeigt sich, was die psychischen Belastungen an unseren Körpern anrichten können. Bald hat sie auch unabhängig von ihrer Asthmaerkrankung regelmäßig Ohnmachtsanfälle. Außerdem bekommt sie so starke Rückenprobleme, dass sie vor Schmerzen nicht mehr laufen kann und ich sie nach Autofahrten aus dem Sitz heben muss. Sie lässt sich daraufhin mehrmals von einem Arzt einrenken, dennoch schafft sie es manchmal nicht mehr, aus eigener Kraft aus einem Sessel aufzustehen.

Sommer 2011 - Ein weiteres Jahr ist vergangen. Meine Frau hat sich inzwischen einen eigenen Freundeskreis aufgebaut. Unsere Ehe steht indessen fast nur noch auf dem Papier und alles, was wir uns je zusammen vorgestellt haben, ist in unerreichbare Ferne gerückt. Deswegen hoffe ich auch insgeheim, dass sie sich bei den Freunden, zu denen ich sie jedes Wochenende bringe, in jemand anderen verliebt.

Einige Wochen später passiert das tatsächlich. Während eines Nachtspaziergangs beichtet sie mir, dass sie mich „betrogen" habe, doch als sie das ausgesprochen hat, können wir nach langer Zeit erstmals wieder gemeinsam lachen. Es war schon seit Monaten kein Geheimnis mehr, dass unsere Beziehung am Ende ist.

Da meine Frau und ich kurz zuvor auf die Hochzeit meiner Cousine eingeladen wurden und diese unmittelbar bevorsteht, beschließen wir, die Trennung noch nicht öffentlich zu machen. Es wäre etwas unangenehm bei einer Eheschließung mit der Message „Wir lassen uns jetzt scheiden, aber Euch alles Gute!" aufzukreuzen.

Während dieser Wochen schließe ich auch meine Ausbildung ab. Die letzten beiden Jahre haben mich zurück in die Spur gebracht. Inzwischen habe ich Freunde gefunden, die meine Geschichte kennen und mich jederzeit spüren lassen, dass sie ein offenes Ohr haben. Und auch wenn die Unternehmungen mit Christin seltener wurden, habe ich vor allem die Freundschaft mit ihrem Partner zu schätzen gelernt. Mit Jungs habe ich mir lange Zeit schwer getan, da viele von ihnen meine Entscheidungen, wie die frühe Heirat, nicht verstehen konnten. Bei Christins Freund bekomme ich hingegen genug Zuspruch, um auch mal wieder „Männergespräche" führen zu können.

Außerdem habe ich die Stunden meiner ambulanten Therapie ausgeschöpft und scheinbar habe ich

Fortschritte gemacht, durch die ich wenigstens leichte Verbesserungen spüre, was Schlaf und Magen-Darm-Trakt angeht. Da ich mich aber noch nicht sicher genug fühle, eine Berufstätigkeit aufzunehmen, beschließe ich, zuerst das Fachabitur nachzuholen.

Im Herbst lerne ich erneut ein Mädchen kennen, das auch in partnerschaftlicher Hinsicht mein Interesse weckt. Sie scheint fest im Leben zu stehen, außerdem herrscht in ihrer Familie Ordnung und der Kontrast zu dem Chaos, das ich hinter mir lassen will, zieht mich an. Während meine neue Partnerin bald alles von mir weiß, halte ich mich bei ihrem Umfeld bezüglich meiner Vergangenheit allerdings sehr bedeckt.

Anders ist es jedoch bei ihrer Freundin Daryna, die sie mir bald vorstellt. Sie ist erst 17, doch wir merken schnell, dass wir die gleiche Sprache sprechen. Sie war mit ihrer Familie vor acht Jahren aus Russland zugezogen und hatte in dieser Zeit mehrmals Gewalt zwischen ihrem Stiefvater und ihrer Mutter miterleben müssen. Obwohl diese Geschehnisse schon lange zurücklagen, konnte sie es plötzlich nicht mehr ertragen, mit ihm unter einem Dach zu leben. Bald darauf wendet sie sich an das Jugendamt, erfährt dort aber keine ausreichende Hilfe und ergreift die Flucht nach vorne.

Stuck in somebody else's dream

Wir haben Ende Januar. Als ich morgens aufstehe, blinkt auf meinem Handydisplay eine Nachricht von Daryna. Darin teilt sie mir mit, dass sie von Zuhause ausgerissen sei, ihr Telefon aber nun ausschalten werde.

Da sie unentschuldigt in der Schule fehlt, klappert die Polizei bereits ihre Freunde ab und droht mit den Kosten, die bei solch einer Suchaktion entstehen können. Nachdem ich davon Wind bekommen habe, fahre ich direkt aufs Revier.

Zwar kann ich Daryna selbst nicht kontaktieren, weiß aber, dass sie mich früher oder später von einem öffentlichen Telefon aus anrufen wird und so will ich der Beamtin zu verstehen geben, dass ich unsere Freundin sicher dazu bringen kann, die Flucht aufzugeben, falls sie dann nicht wieder direkt nach Hause gebracht wird. Daraufhin werde ich gefragt, ob ich überhaupt schon einmal bei Daryna daheim gewesen sei und überprüft hätte, „ob dort tatsächlich irgendeine Form von Gewalt stattgefunden hat". Ein anderer Polizist versichert mir, er wäre schon lange genug in diesem Beruf, „um einschätzen zu können, ob ein Kind wirklich Probleme hat, oder nur aus Trotz wegläuft", und ich solle das seine Sorge sein lassen. Mir wird schnell klar, dass ich bei diesen beiden pädagogisch höchst kompetenten Freunden und Helfern auf Granit stoße und vergesse kurzerhand alles, was ich eigentlich wusste.

Als ich am nächsten Morgen in der Schule sitze, ruft Daryna mich an. Nach einigem Hin und Her kommen wir zu dem Entschluss, dass sie das Unterfangen lieber aufgeben sollte, bevor die Fahndung ausgeweitet wird. Wir werden jedoch eine andere Polizeistelle suchen, die hoffentlich etwas sensibler für das Thema ist und finden diese glücklicherweise im ersten Anlauf.

Am nächsten Tag wird sie direkt ins städtische Kinderheim verfrachtet. Die Auflagen für die erste Woche lauten: Kein Handy, kein Computer, kein Kontakt nach außen, kein Besuch, kein Verlassen des Geländes außer Schule und Nebenjob. Obendrein muss sie nach dem Unterricht in die Kinderpsychiatrie.

Eine Woche später nehme ich die erstbeste Möglichkeit wahr, Daryna auf ihrer Arbeitsstelle abzufangen. Im Restaurant in dem sie kellnert, sind an diesem Tag mehrere Tische nur von Gästen belegt, die sich nach ihr erkundigen wollen. Bei der Unterhaltung schmuggle ich ihr ein Handy zu und wir haben fortan die Möglichkeit, uns abzusprechen. In der Kinderpsychiatrie darf sie derweil jeden Tag zwischen Zehnjährigen sitzen, die von zuhause ihre Lieblingsbücher mitbringen, welche dann von den Betreuern vorgelesen werden.

Sobald es die Auflagen zulassen, statten meine Partnerin, Louis, ein gemeinsamer Freund der beiden, und ich Daryna einen Besuch im Kinderheim ab. Nachdem sie uns noch fröhlich die Räumlichkeiten gezeigt hat, bricht sie in Tränen aus. Während die anderen beiden sie trösten, beobachte ich die Situation eine Weile. Dieses verlassene Gefühl, wenn man in sich selbst beunruhigende Veränderungen wahrnimmt, die man keinem richtig erklären kann und stattdessen von äußeren Faktoren so eingeschränkt wird, bis die Situation langsam unerträglich wird, ist mir zu vertraut, als dass mich dieser Anblick kalt lassen könnte. Als es mir das erste Mal so ging, war ich ungefähr im gleichen Alter, nur konnte damals niemand etwas daran ändern. Hier lag es aber in den Händen anderer. Während ich mir das alles durch den Kopf gehen lasse, beginnt in mir ein Prozess, der lange geruht hat.

Wie konnte das sein, dass jemand aufgrund mangelnden Verständnisses Dritter so zur Verzweiflung getrieben wird? Wenn Jugendliche dafür abgestraft werden, weil sie sich selbst schützen wollten, als niemand sonst etwas unternommen hat, widerspricht das jedenfalls meinen Vorstellungen. Doch weder die ganzen Pädagogen, noch Darynas Familie schaffen es, sich angemessen in ihre Situation hineinzuversetzen.

Von dieser alten Wut angetrieben, schreibe ich zuhause eine ellenlange E-Mail an alle möglichen sozialen Einrichtungen der Stadt, inklusive dem Büro des Oberbürgermeisters, und versuche deutlich zu machen, dass es sich hier nicht um irgendeine pubertäre Phase handelt, sondern um einen Missstand, für den eine anständige Lösung gefunden werden muss und sich jemand ernsthaft dem Problem annehmen soll.

Einige Tage später bekomme ich eine Antwort vom Jugendamt. Ich sei zu emotional bei der Sache. Ferner drohen sie mir, falls ich über Facebook oder ähnliche Netzwerke das Hetzen beginne, könne dies Konsequenzen nach sich ziehen. Daraufhin denke ich mir meinen Teil, inklusive aller Schimpfwörter, die mein damaliger Wortschatz hergibt, und überlege, was ich sonst machen kann.

Bald darauf erfahre ich, dass ein Gespräch zwischen allen in der Angelegenheit involvierten Personen und Institutionen stattfinden soll, um eine dauerhafte Lösung zu finden. Daryna fragt mich, ob ich ihr dabei zur Seite stehen könne und ich stimme zu.

Einige Wochen später sitzen wir mit ihrer Psychiaterin, der Sachbearbeiterin vom Jugendamt, der Leiterin vom Kinderheim sowie ihrer Mutter und Großmutter an einem Tisch. Ich weiß nicht wie andere Jugendliche das aushalten, aber wenn fünf Erwachsene auf eine psychisch labile Minderjährige einreden, kann das ganz schön beeindruckend sein. Wenigstens stellt sich nach einigen Minuten heraus, dass die Psychiaterin das Ganze etwas vernünftiger angeht und eine Pflegefamilie als Alternative in Betracht zieht. Die beiden Frauen von Jugendamt und Kinderheim reiten lieber auf den psychischen Problemen herum, ohne den Auslöser mit einzubeziehen, und stellen sie quasi vor die Wahl: entweder gesund sein und zurück nachhause oder psychisch krank und folglich Kinderheim plus Therapie. Schwarz oder weiß, einen Mittelweg gibt es nicht.

Da ich weiß, dass mich solche Umstände noch kränker gemacht hätten, regt mich dieses Gefasel so auf, dass ich mich auch einmal zu Wort melde. Dabei erkläre ich, dass Daryna für mich nicht nur ein Name auf einem Blatt sei, sondern ihre Freunde und ich die Situation aus nächster Nähe mitbekämen.

Das war vielleicht etwas ungeschickt ausgedrückt. Die Dame vom Jugendamt hat nur darauf gewartet, dass ich ihr eine Vorlage gebe. Umgehend holt sie aus ihren Unterlagen einen Druck meiner E-Mail, in der ich auch sie namentlich erwähnt hatte, und von da an prasselt etwas auf mich ein, was man im Internet heute einen kleinen „Shitstorm" nennen würde.

Erst bin ich davon eingeschüchtert, wehre mich dann aber, da ich die vom Jugendamt bestimmten Auflagen im Kinderheim schlichtweg unangebracht finde. Der Einwand der Heimleiterin, dass Daryna inzwischen täglich sogar 45 Minuten Ausgang haben dürfe, bestätigt nur, dass es hier keinem ernsthaft um ihr psychisches Leiden gehen kann. Die Diskussion tobt noch eine Weile, bis die Runde mit dem Beschluss endet, dass unsere Freundin noch einige Zeit in der Klinik beobachtet werden soll.

Wenn ich Daryna in der darauf folgenden Zeit sehe, ist sie trotz „Therapie" jedes Mal ein Stück weiter eingeknickt, spricht bald zwischen den Zeilen von Selbstmord und ist nicht mehr bereit, noch in irgendeiner Form Hilfe von außen anzunehmen. Etwas musste sich dringend ändern und das tat es zum Glück.

Durch die E-Mail ist eine andere Frau beim Jugendamt auf die Sache aufmerksam geworden und bietet sich als Pflegemutter an. Nach wenigen Wochen ist der Weg überraschenderweise doch frei und Daryna darf zu ihr ziehen. Die ganze Aktion bringt mir von einigen Seiten Respekt ein, aber keiner weiß, dass ich nicht wirklich eine Wahl hatte. Der Impuls dafür einzustehen, niemanden auf jenem einsamen Posten stehen zu lassen, wie ich ihn erlebt hatte, war viel stärker, als dass ich mich davor hätte verschließen können.

Als Daryna einige Tage später per Anhalter zur Psychiatrie fahren will, hält ein Streifenwagen neben ihr an. Der Polizist auf dem Beifahrersitz holt das Fahndungsbild von ihrer Flucht einige Monate zuvor aus dem Handschuhfach.

„Sie wollen aber nicht schon wieder abhauen, oder?", fragt er.

„Nein, nein", antwortet Daryna, „diesmal nicht."

Someone who brings you home
when home became a strange place

Frühling 2012 - Inzwischen bin ich in die nächste Stadt gezogen, wo auch Daryna, der Großteil meiner ehemaligen Berufsschulklasse und meine Freundin wohnen. Unser Ort war mir für meine Vorgeschichte zu klein geworden und die Wut auf alles ist nie abgeklungen. Aufgrund dessen ist auch das Verhältnis zu meiner Familie so abgekühlt, dass ich mich dort kaum mehr zuhause fühle. Alles, was in mir vorgeht, fühlt sich auf eine seltsame Weise kalt an. So komme ich zwar einigermaßen zurecht und verfolge wieder Zukunftspläne was Schule und Arbeit angeht, doch wirklich von etwas Erstrebenswertem zu träumen, käme mir nicht in den Sinn.

Daryna ist neben meiner Freundin die erste Person in der Stadt, mit der ich regelmäßig etwas unternehme und wir sind durch die ganze Geschichte mit dem Kinderheim auf die gleiche Weise verloren und verbunden. Wir treffen uns einmal die Woche, regen uns über die Ignoranz der Menschheit auf, schauen gesellschaftskritische Filme und schenken uns zum Geburtstag sogar gegenseitig die Patenschaft eines Kindes in Afrika. Wir stecken die ganze Wut, die in uns herrscht, in alles, was uns irgendwie dabei hilft, diesem verkorksten Leben etwas Sinnvolles abzugewinnen. An einem dieser Abende erzähle ich ihr auch von meinen Reisen durch Skandinavien, woraufhin wir gemeinsam mit meiner Freundin eine Fahrt in den Ferien planen.

Als der Sommer kommt, verstirbt die Großmutter meiner Partnerin. Das perfekte Konstrukt, das ich in dieser Familie so geschätzt habe, wird auf eine harte Probe gestellt. In dieser Zeit versuche ich zwar so lange und so gut es geht für meine Freundin da zu sein, nach ein paar Wochen weist mich meine innere Belastungsgrenze jedoch in die Schranken. Ich kann das nicht schon wieder leisten, dass ich mich wie in meiner Ehe ständig um jemanden kümmern muss. Erstmals seit vielen Monaten beginne ich zu resignieren und muss mich fortan zu jeglichem Körperkontakt zwingen. Daraufhin will ich mich unbedingt in die anstehende Skandinavien-Reise flüchten. Da meine Partnerin in ihrem Betrieb keinen Urlaub bekommt, ich aber dringend einen Tapetenwechsel brauche, schlage ich vor, mit ihr einige Wochen später nochmals zu fahren. Stattdessen werden Daryna und ich von Louis begleitet.

Da wir in einem Kleinbus fahren und schlafen, werden wir sieben Tage am Stück auf sehr engem Raum hängen, was etwas gewagt ist, wenn man bisher nur ein paar Stunden miteinander verbracht hat. Weil wir drei aber sowieso vom gleichen Schlag zu sein scheinen und eher nachgeben, als die Konfrontation zu suchen, sind wir uns einig, dass zwischen uns gar keine Streitigkeiten aufkommen können. So etwas sollte man allerdings nicht laut aussprechen, bevor man wieder zuhause angekommen ist.

Auf der Fahrt merke ich bald, dass ich Darynas Sympathiebekundungen bisher meist abgeblockt hatte. Sie war mir für die Sache mit dem Kinderheim stets dankbar, während ich emotional eher einen gesunden Abstand gehalten hatte. Mit zunehmender Fahrtdauer geraten wir immer tiefer in Themen, die auch unsere Vergangenheit betreffen. Dabei wird mir bewusst, wie sehr mir das in letzter Zeit gefehlt hat. Es ist so viel einfacher, mich nicht verleugnen zu müssen, sondern das aussprechen zu können, was in mir vorgeht. In den Monaten zuvor hatte ich fast ausschließlich eine Maske aufsitzen, mit der ich mich selbst kaum noch erkennen konnte. Vieles von dem, was zu mir gehört, hatte ich zu vertuschen versucht und dabei solch eine Distanz zu allem aufgebaut, dass ich trotz Beziehung einsamer war als je zuvor.

Nachdem wir zwei Tage unterwegs sind, fällt mir auf, dass Daryna zwar oft das Gespräch sucht, sich aber sofort zurückzieht, wenn der Fokus zu sehr auf ihren Problemen liegt. Außerdem beginnt sie mit ihrem Zeigefinger Wörter auf ihren Oberschenkel zu schreiben, sobald leichte Unstimmigkeiten aufkommen. Als ich sie darauf anspreche, ist sie selbst darüber verwundert, erklärt mir dann aber, dass sie lediglich das „aufschreibe", was sie sich nicht auszusprechen traue. Das klingt zwar seltsam, doch ich gebe mich vorerst damit zufrieden. Kurz darauf steigt ihre Laune jedoch ins Überschwängliche und sie kann sich für jede Kleinigkeit begeistern, nur um später wieder eine Zeit lang kaum ansprechbar zu sein.

Am nächsten Tag entsteht eine kleine Diskussion um die Musik. Da wir einen Kompromiss finden, scheint die Sache geklärt, aber mit Daryna stimmt etwas nicht. Sie wird immer ruhiger, schreibt mit ihrem Zeigefinger wieder Wörter auf ihr Bein und legt sich später auf die hinterste Sitzbank im Bus. Nach einiger Zeit kann ich sie schluchzen hören. Wir halten an und ich frage sie, was mit ihr los sei, doch sie kann es nicht erklären, in ihr herrsche nur ein unerträgliches Chaos. Es klingt ein wenig nach dem, was in mir früher vorging, wenn ich mit meiner Familie in den Urlaub gefahren bin. Doch Daryna hat dabei richtig Wut auf sich, als wäre sie an ihrem Verhalten selbst schuld. Im weiteren Verlauf der Fahrt ist sie entweder wieder ganz ruhig oder auffallend aktiv.

Als wir auf dem Heimweg sind, führen wir ein sehr persönliches Gespräch darüber, wie sehr wir einander schätzen. Dabei vernehme ich wieder dieses Hochgefühl, wie ich es aus den Freundschaften mit Anne, Bianca und Christin kenne, aber diesmal ist noch ein anderer Faktor dabei. Daryna braucht eindeutig Unterstützung und es gibt in ihrem Umfeld niemanden, der die leisten könnte. Es ist eine andere Situation als bei meiner Partnerin, die durch ihre Familie eingebettet ist und erst einmal wieder lernen muss, sich mit sich selbst zu arrangieren. Daryna hingegen steht an dem gleichen einsamen Punkt wie ich ihn kenne. Da ich damals aber über Grenzen gehen musste, die sie nicht überschreiten soll, setze ich mir in den Kopf, dafür zu sorgen, dass das bei ihr auch nicht passieren wird. Eher nebenbei bemerke ich, dass mir dieses Vorhaben einen bedeutsamen Schub gibt und das Gefühl der Überforderung aus den Wochen davor wie weggeblasen ist.

Wenige Tage nach unserem Urlaub verändert sich die Situation allerdings schlagartig. Entgegen allem, was Daryna unterwegs angesprochen hatte, sagt sie nun, dass sie mit solch einem engen Verhältnis nicht umgehen könne und meldet sich einige Zeit nicht mehr.

Plötzlich fühlt es sich wieder so an, als wenn meinem Körper die Stromzufuhr gekappt wurde. Ohne es zu merken, hatte ich Daryna abermals als Blitzableiter für meine übrigen Sorgen benutzt und nun kam alles auf einen Schlag zurück. Um mich abzulenken, versuche ich herauszufinden, wo dieses Verhalten, das ich in den letzten Tagen bei ihr beobachtet habe, seinen Ursprung hat. Wieso will sie nun diesen Abstand, obwohl sie eine Woche vorher noch sagte, wie froh sie sei, mit ihren Problemen nicht mehr alleine zu sein? Seit ihrer Flucht von Zuhause hatte sie sich auch von ihren anderen Freunden weitestgehend zurückgezogen. Und als ihr die Beziehung zu ihrem letzten Partner zu innig wurde, stand sie sich aus ähnlichen Gründen ebenfalls selbst im Weg. Doch zwischen uns ging es weder um Körperkontakt, noch um Liebe. Es schien allein die emotionale Nähe zu sein, die ihr zu viel wurde.

Die Woche darauf verbringe ich fast ausschließlich vor dem PC und recherchiere. In Foren und Berichten finde ich viele ähnliche Verhaltensmuster und setze mich daraufhin erstmals gezielt mit der Entstehung psychischer Probleme auseinander. Außerdem beschäftige ich mich intensiv damit, was genau eine Depression überhaupt ausmacht und wie man solchen Schüben Einhalt gebieten kann.

Bald darauf lässt sich Daryna wieder blicken. Schon nach wenigen Wortwechseln kann ich feststellen, dass ihr Abwärtstrend weiter anhält. Sie erzählt mir, wie sehr die letzten Monate noch an ihr nagen würden und dass ihr inzwischen alles und jeder gleichgültig geworden sei. Daraufhin präsentiere ich ihr, was ich im Internet bezüglich ihrer Verhaltensweisen gefunden habe. Anfangs ist sie interessiert und bestätigt, dass sie einige Dinge an sich selbst wiedererkennen kann, doch dann blockt sie ab. Sie wolle gar nicht wissen, was in ihrer Psyche ablaufe und nach den Erfahrungen mit Jugendamt und Psychiatrie auch von niemandem mehr etwas dazu hören, sie brauche keine Hilfe. Stattdessen fragt sie mich nach Blättern, auf denen sie während ihrer Zeit im Kinderheim ihre Gedanken aufgeschrieben hatte und die ich seitdem aufbewahrte. Während sie sich das Geschriebene durchliest, wird sie wieder ganz ruhig. Nach einer Weile fragt sie, ob ich sie nach Hause bringen könne.

Im Auto mache ich Daryna deutlich, dass ich nicht dabei zuschauen würde, wie sie sich selbst aufgebe. Und ich gäbe auch keine Ruhe, bevor es ihr auf lange Sicht wieder besser gehe und sie mit diesem Mauern aufhöre. Sie antwortet stets mit „nein", sie habe allein diese Aufmerksamkeit gar nicht *verdient*, ich entgegne die ganze Zeit mit „doch". Nach kurzem Hin und Her eskaliert die Situation und sie hat einen Heulkrampf. Als wir ankommen, steigt sie sofort aus und stellt klar, dass sie vorerst keinen Kontakt mehr will.

Honigwaffeln

Für meine Frau und mich steht der Scheidungstermin an und der läuft wohl ein bisschen anders ab, als bei den meisten trennungswilligen Paaren. Am Abend zuvor gehen wir mit ihrem Onkel, der auch als ihr Anwalt fungiert, ihrem Freund und meiner Mutter essen und überlegen angeheitert, mit welchen Aussagen wir dem Prozess am nachfolgenden Tag etwas mehr Spannung verleihen könnten. In Anbetracht dessen, dass es um ein geschätztes Vermögen von ca. 30 Euro geht, landet ein lautes „Du willst mich doch nur ausnehmen!" an erster Stelle.

Auch nach der Scheidung bestehe ich ausdrücklich darauf, dass meine Exfrau weiterhin zu meiner Mutter gehört und zu jeder Familienfeier mitkommen soll. Manche nehmen es uns nicht ab, aber die Flamme war völlig erloschen. Die Vergangenheit hatte uns jedoch zusammengeschweißt und so pflegen wir fortan ein enges freundschaftliches Verhältnis, in dem zu keiner Zeit die Frage aufkommt, ob zwischen uns je wieder etwas laufen könnte.

Wenige Wochen später schenkt sie mir zu meinem Geburtstag ein Buch. Und sie weiß, dass ich Bücher hasse. Seit Jahren habe ich keines mehr in die Hand genommen, weil das Lesen aufgrund von Symptomen wie meiner eingeschränkten Konzentrationsfähigkeit eher zur Qual wurde, als dass ich dem irgendwas hätte abgewinnen können. Als ich sehe, dass es sich um ein Sachbuch zum Thema Tiefenpsychologie handelt, schaue ich es mir aber genauer an.

Es dauert nicht lange, bis ich die Inhalte auch im Internet nachschlage und immer konkretere Zusammenhänge zwischen Darynas Vergangenheit und ihren Verhaltensweisen finden kann. So wird oft davon gesprochen, dass ein instabiles Umfeld in der Kindheit dazu veranlassen könne, von klein auf zu versuchen, so unabhängig wie möglich zu werden. Um in der vermeintlich unsicheren Umwelt nicht unterzugehen, halte man lieber nur an sich selbst fest und schütze sich stets mit einer ausgeprägten Distanz. Exakt dieses Verhalten kannte ich so aber auch schon von meiner Exfrau. Es hat unheimlich viel Zeit gebraucht, bis sie sich überhaupt einmal richtig auf mich einlassen konnte. Lieber alles alleine machen, als dass einem jemand in irgendeiner Form zu nahe kommt. Und das war genau das Gegenteil von dem, was ich bisher tat. Um den Halt nicht zu verlieren, klammerte ich mich eben an anderen fest.

Zwei Wochen später meldet sich Daryna wieder und fragt, ob sie mich besuchen dürfe. Daraufhin stelle ich einen Plan zusammen und versuche jeden Tag so zu gestalten, dass sie sich bei mir wohlfühlen und ganz unbedrängt aus dem Alltag herausnehmen kann. Sie hatte mir einmal erzählt, dass sie als Kind beim PC-Spielen oft die Zeit vergaß und dabei abschalten konnte, also überrede ich sie, dass wir dieses Spiel kaufen und sie es jederzeit an meinem Laptop spielen darf.

Infolgedessen kommt sie drei Wochen am Stück direkt nach der Schule zu mir, setzt sich stundenlang an den Computer, erzählt dabei was sie beschäftigt und bekommt auch ein eigenes Fach für ihre Klamotten in meinem Schrank. Jeden Tag lege ich ihr aufs Neue eine Packung Honigwaffeln hinein, um ihr irgendwie ein Gefühl von „Willkommen sein" zu geben. Außerdem frage ich weder nach, ob sie mich am nächsten Tag wieder besuche, noch bohre ich nach ihrer Befindlichkeit, damit sie stets ihre „Freiheit" gewahrt sieht. Ihr Spielverhalten grenzt schon bald ein wenig an Sucht, aber solange sie nicht weiter abschmiert, bin ich erstmal zufrieden.

Nach diesem Monat werden Darynas Besuche unregelmäßiger, da sie sich nun auch wieder mit anderen Freunden trifft. Wenn sie ab und zu noch vorbeikommt, unterhalten wir uns öfters über Jungs. Dabei kann ich feststellen, dass ihr Selbstbild viel zu negativ geprägt ist. Ihre Art wirkt eigentlich ziemlich anziehend. Man merkt direkt, dass sie ein bisschen anders drauf ist. Während dieser Gespräche erzählt sie mir auch von einem Jungen, von dem sie glaube, er verstehe sie. Allerdings könne sie sich nicht vorstellen, dass er sich für sie interessiere. Daraufhin erkläre ich ihr, dass sie keine Ahnung von Männern habe, ich dafür umso mehr, und sie abwarten solle.

Mir fällt bald auf, dass sich Daryna seit unserem Disput im Auto vor allem mir gegenüber wesentlich aufmüpfiger verhält, wenn ihr etwas nicht passt. Es gefällt mir, dass sie sich zu wehren beginnt, anstatt sich für ihren eigenen Ärger zu verurteilen. Da ihr neuer Umgang mit mir völlig konträr zu meinem „Aufwand" steht, ist die Situation anfangs zwar undankbar, falls das aber nachhaltige positive Entwicklungen mit sich bringt, nehme ich es gerne in Kauf.

Schon kurz darauf kommt sie dem Jungen, von dem sie mir erzählt hatte, tatsächlich näher und entgegen dem, was ich bisher von ihr erlebt habe, fängt sie wohl an, sich wirklich einmal auf jemanden einzulassen.

Als sie einige Wochen später in Berlin ist, fragt sie mich per SMS, ob ich mich um ihre Freundin Emilia kümmern könne. Daryna hatte mir schon oft von ihr und ihren Problemen erzählt. Wir sind ihr auch einmal in der Stadt begegnet, als sie wegen ihrer Magersucht noch in einer Klinik behandelt wurde. Nur selten hatte ich jemanden vor mir stehen, in dem so wenig Leben zu sein schien. Da ich einverstanden bin, lasse ich mir ihre Nummer geben und verabrede mich mit ihr mittags zu einem Spaziergang.

Freundschaft I

Emilia und ich treffen uns am Mainufer. Allein aus Darynas Erzählungen wissen wir bereits ziemlich viel voneinander. Um das Eis vollends zu brechen, plappere ich einfach drauf los. Es ist für einen kurzen Moment komisch, sich vor einer „fremden" Person sofort zu offenbaren, die gemeinsamen Probleme lassen aber schnell jede Barriere verschwinden und wir reden miteinander, als würden wir uns seit Jahren kennen. Dabei erzählt sie zweifellos von den gleichen Verhaltensmustern, wie ich sie in dieser Form bisher nur von mir kannte. Vor allem in Sachen Verzichtbereitschaft und zwischenmenschlicher Abhängigkeit gibt es auffallend deutliche Überschneidungen.

Auch Emilia hatte eine frühe Verlusterfahrung gemacht und versuchte ihren Ängsten, ebenso wie ich, mit dem Festklammern an anderen Personen aus dem Weg zu gehen. Außerdem wollen wir uns mit unserem aufopfernden Verhalten wohl auch vor Ablehnung schützen und erzwingen quasi die Harmonie mit unseren Mitmenschen, um nicht einmal ansatzweise in Situationen zu kommen, in denen wir jemanden verlieren könnten. Abgesehen davon neigt sie aber ähnlich wie Daryna viel schneller zur Wut gegen sich selbst, während mir jede Form von Selbsthass völlig fremd ist.

Diese Erkenntnisse erlauben mir einen neuen Blick auf die Dinge. So groß dieses Wirrwarr in uns auch sein mag, es muss dennoch bestimmten Regeln folgen.

Nachdem wir uns eine Stunde lang ausgetauscht haben, ist die Stimmung fast schon heiter und Emilia versichert mir, dass es ihr nun ein wenig besser gehe. Als wir uns verabschieden, einigen wir uns darauf, dass sie sich jederzeit melden kann und wir in Zukunft öfter etwas unternehmen werden.

Die Angewohnheit, anderen in ihrer depressiven Not zu helfen, wird schnell zu meinem einzigen Hobby. Da ich noch mehr darüber lernen will, trifft es sich gut, dass Daryna gleich mehrere Freundinnen in der Stadt hat, die mit ihrem psychischen Befinden zu kämpfen haben. Es dauert nicht lange, bis ich eine weitere von ihnen kennenlerne. Nach ein paar Wortwechseln erfahre ich, dass es ihr momentan schlechter geht, weil sie Probleme mit ihrem Mitbewohner hat. Weil jener in zwei Wochen aber sowieso ihre WG verlässt, biete ich Darynas Freundin an, diese Zeitspanne auf meiner Couch zu überbrücken.

Während ihrer Anwesenheit schnappe ich zum ersten Mal den Begriff „Borderline" auf, da diese Diagnose schon einmal bei ihr in den Raum gestellt wurde. Allerdings habe ich mich mit meinem Wohlwollen diesmal überschätzt. Bei den bisherigen Begegnungen mit psychischen Problemen konnte ich die Zusammenhänge zwischen Ursache und Verhalten meist nachvollziehen, die Symptomatik meiner neuen Mitbewohnerin ist aber noch eine Nummer zu groß für mich. Ihre Stimmungswechsel geschehen so rasch und unvorhersehbar, dass ich nie genau weiß, wie ich damit überhaupt umgehen soll. Bisher kannte ich so etwas nur in längeren Phasen oder nach bestimmten

Auslösern, doch bei ihr scheint es dafür keine erkennbaren Regeln zu geben. Naja, vielleicht kenne ich das doch schon von meiner ehemaligen Schwiegermutter.

Kurz darauf fangen die Winterferien an. Das erste Weihnachten ohne Großmutter macht meiner Freundin zu schaffen, und das macht mir zu schaffen. Die Beziehung meiner Exfrau beginnt zu kriseln und da es außer meiner Mutter hier niemanden gibt, der sich wirklich um sie kümmern würde, kann ich nicht damit aufhören, mich für sie verantwortlich zu fühlen. Darüber hinaus habe ich noch immer meinen Besuch im Wohnzimmer und will nicht einsehen, dass ich mich für viel zu viele Dinge zuständig sehe.

An Heiligabend bin ich bei der Familie meiner Freundin, wo die Weihnachtsstimmung größtenteils in der Trauer erstickt. Währenddessen ruft Daryna an und fragt, ob ich sie abholen könne. Sie sei eine Fahrstunde entfernt, halte es dort aber nicht mehr aus und habe das Gefühl, dass sie jeden Augenblick wieder austicken werde. Da meine Freundin und ich nur vor dem TV liegen und jede Abwechslung vernünftiger wäre, kommen wir zu dem Entschluss, zu Daryna zu fahren. Um wiederum meine Partnerin zufriedenzustellen und ihr dabei zu helfen, andere Gedanken zu fassen, schlage ich vor, dass wir zwischen den Jahren einen erneuten Ausflug nach Nordeuropa machen.

Silvester feiern wir in meiner Wohnung. Weil ich zwei Tage zuvor im Urlaub bei Minusgraden durch Eispfützen gelaufen bin, liege ich mit Fieber im Bett, während sich meine vier Gäste im Wohnzimmer antrinken, doch darüber bin ich sogar ganz froh. Endlich darf ich einfach schlapp machen, muss mich um nichts mehr kümmern und habe meine Ruhe.

Als das neue Jahr beginnt, gehen meine Freundin und Co in die Stadt um dort weiterzufeiern. Zum Glück gelingt es mir, sie davon zu überzeugen, dass ich das Bett mit meinem dröhnenden Schädel nicht verlassen kann. Eine Stunde später ruft mich jedoch meine Exfrau an und erklärt, dass sie festsitze und nicht wisse, wie sie heimkommen soll. Notgedrungen nutze ich das Zeitfenster, in dem meine Gäste nicht im Haus sind, fahre meine Ex-Gattin zu ihrer Wohnung und falle hinterher mit unerträglichen Kopfschmerzen zurück ins Bett. Gott sei Dank bin ich krank, in meinem Wohnzimmer wohnt auch keiner mehr, niemand kann jetzt noch irgendetwas von mir wollen.

Eine Woche später geht der Unterricht wieder los. Nach dem Stress der letzten Tage sind Schlaflosig- und Nahrungsmittelunverträglichkeit ausgeprägt wie schon lange nicht mehr, wodurch die Alltagsbewältigung zu einem regelrechten Kampf wird. Auch mit meiner Beziehung komme ich überhaupt nicht mehr zurecht. Es ist eine ähnliche Situation wie in meiner Ehe entstanden. Scheinbar bin ich in den letzten Monaten für die Laune meiner Partnerin zuständig geworden. Da ich körperliche Nähe schon länger nicht mehr ertrage und generell das Interesse an weiblichen Reizen seit geraumer Zeit verschwunden ist, erzwinge ich eine Beziehungspause.

Damit ich auf andere Gedanken komme, fährt Emilia mit mir nach Straßburg. Es hilft sofort, sich kurzfristig aus der Situation herauszunehmen, außerdem geht es mir allein durch ihre Gegenwart besser. Wie immer, wenn ich die Probleme einer anderen Person vor meine eigenen stellen kann, habe ich seltsamerweise auch automatisch wieder mehr Kraft.

Neither burn out, nor fade away

Nach den ersten Schulwochen des neuen Jahres bin ich bei meiner Mutter zu Besuch und wir unterhalten uns darüber, wie es von nun an weitergehen soll. Zwar habe ich nach wie vor die Absicht, mich hinsichtlich Schule und Arbeit durchzubeißen, doch ich mache das schon lange nicht mehr für mich selbst. Da ich schon wieder vor den alten Problemen stehe, befürchte ich langsam, dass mein Zug abgefahren ist. „Die Zeit heilt alle Wunden", hatte ich mir seit Christins dummem Blick eingeredet. Seitdem sind drei Jahre vergangen. Das war der gleiche Zeitraum, in dem ich meinen Körper herabgewirtschaftet hatte und obwohl ich zwischenzeitlich gesund zu werden schien, bin ich wieder in dieses Loch gefallen. Ich will gar nicht aufgeben, aber ich muss wohl nachgeben. Bereits seit einigen Wochen habe ich mich mit dem Gedanken abgefunden, dass es ab einem gewissen Punkt vielleicht einfach keinen Weg zurück gibt. Dass sich manche Erlebnisse zu tief einbrennen und auf Dauer eine Hoffnungslosigkeit entsteht, die nie wieder einen normalen Blick auf die Welt zulässt.

Am Tag darauf soll ich in der Schule eine fünfminütige Präsentation halten. Zuhause versuche ich etwas auf die Beine zu stellen, doch ich schaffe es nicht, auch nur die geringste Konzentration aufzubauen. Nach mehreren Ansätzen gebe ich mich geschlagen und versuche den Kopf mit Sport freizubekommen. Als ich meine gewohnten Übungen machen will, kann ich nur ein Drittel der üblichen Gewichte heben. Schlechter Tag, denke ich mir und gebe es nach einigen Versuchen auf. Obwohl ich offensichtlich völlig erschöpft bin, schaffe ich es trotzdem nicht einzuschlafen und quäle mich durch die ganze Nacht.

Am nächsten Morgen stehe ich komplett neben mir. Auf dem Weg zur Schule fühlt es sich so an, als würde mich die Kälte jeden Moment erstarren lassen. Außerdem ist mein Blick so verschwommen, dass ich mich fast anstrengen muss, um die Umgebung richtig wahrzunehmen. Vor Beginn des Unterrichts erkläre ich meinem Lehrer, dass ich es nicht geschafft habe die Präsentation vorzubereiten und darüber nachdenke, mich aufgrund meiner gesundheitlichen Probleme demnächst in einer Klinik behandeln zu lassen.

Zu diesem Zeitpunkt ist das noch nicht einmal die Wahrheit. Ich kann mich mit dem Gedanken, eine stationäre Behandlung in Anspruch zu nehmen, überhaupt nicht anfreunden. So oft wie ich mir aus fachmännischer Sicht bestätigen ließ, dass ich trotz meiner Beschwerden einen ganz stabilen Eindruck mache, kann das nur Zeitverschwendung sein. In diesem Augenblick kann ich jedoch kaum noch entscheiden, was ich für die Wahrheit halte und was nicht.

Den Rest des Schultages bin ich eher damit beschäftigt, überhaupt auf meinem Stuhl sitzen zu bleiben. In der letzten Stunde spricht mich ein anderer Lehrer darauf an, wann ich die letzte verpasste Arbeit nachschreiben will, woraufhin ich ihn frage, ob wir vor dem Klassenzimmer kurz darüber reden könnten. Vor der Tür versuche ich zu erklären, dass mit mir etwas nicht zu stimmen scheint. Da mein Gerede nur noch teilweise Sinn ergibt, bringt er mich direkt ins Sekretariat und kurz darauf zu meiner nahegelegenen Wohnung, wo ich sofort meine Mutter anrufen soll. Als wir dort ankommen, hat sich mein Körper bereits komplett heruntergefahren. Fast schleichend bin ich in den letzten 24 Stunden in eine Form der Resignation verfallen, wie ich sie bis dahin noch nicht kannte. Jede Bewegung ist zur Herausforderung geworden, für jeden Satz, den ich aussprechen will, brauche ich einige Sekunden Denkpause.

Etwas später trifft meine Mutter ein und wir begeben uns umgehend zu meiner Hausärztin. Dort werde ich direkt an eine psychiatrische Station in der Stadt überwiesen. Auf dem Weg zur Klinik kann ich nicht fassen, dass ich nach meiner Wiederauferstehung vor drei Jahren nun wirklich eine stationäre Behandlung brauche. Kurz vor der Ankunft male ich mir aus, wie es wohl sein muss, in einer Gruppe psychisch Labiler zu sitzen und wie bei einem Selbsthilfetreffen über seine Probleme zu reden. Während ich noch damit kämpfe, mich mit diesem Gedanken anzufreunden, fällt mir am Zaun der Klinik ein Plakat ins Auge, auf dem ein anstehendes Faschingsevent beworben wird:

„Narrensitzung"

Okay, wir sind wohl richtig…

Psych-?

Ich bin tatsächlich in der Klapse. So lange hatte ich versucht dieses Szenario abzuwenden und jetzt stecke ich mittendrin. Aufgrund der Horrorgeschichten wie man sie aus Filmen kennt, habe ich mir schon oft überlegt, wie ich flüchten könnte, falls mir das wirklich einmal passiert, doch mein Körper würde mir ohnehin keine Gegenwehr ermöglichen. Bei der Anmeldung erfahre ich, dass ich in eine Krisenintervenstionsstation komme. Achtsilbige Wörter sind mir in meinem Zustand gerade zu lang, um sie verarbeiten zu können, ich verstehe aber, dass dieser Aufenthalt in der Regel nur zehn Tage dauert.

Die Ärztin, die mich aufnimmt, fragt, welche Medikamente ich bekäme, woraufhin ich erkläre, dass ich momentan gar keine nehmen würde. Sie stöhnt und schüttelt fast vorwurfsvoll den Kopf. Daraufhin frage ich, ob mir eine stationäre Gesprächs- und Gruppentherapie denn nicht helfen könne. „Solange Sie nicht schlafen, kann es Ihnen auch nicht besser gehen und Sie können nicht an sich arbeiten", sagt sie. Klingt schlüssig. Zum Ende des Gesprächs ordnet sie ein Antidepressivum an, das zusätzlich schlafanstoßend wirken soll.

Auf Station angekommen werden meine Werte durchgecheckt. Währenddessen frage ich nach, ob ich mein Handy behalten dürfe. Vorsichtshalber habe ich drei Stück mitgenommen, man weiß ja nie, ob sie mit einem Ersatzhandy rechnen. Da Emilia nicht weit entfernt wohnt, habe ich außerdem ihre Telefonnummer auf drei Zetteln an verschiedenen Plätzen in meinem Gepäck versteckt. Die Arbeit war aber umsonst. Man darf Mobiltelefone bei sich haben, man darf das Gebäude verlassen, alles ganz locker.

Was psychiatrische Einrichtungen betrifft, mangelt es mir da noch an dem Wissen, dass diese in offene und geschlossene Abteilungen unterteilt werden. Solange man keine Gefährdung für sich oder andere darstellt, kommt man lediglich in offene Bereiche, wo es kaum Einschränkungen gibt.

Dann bin ich auf meine Mitpatienten gespannt. Da die Station sehr klein ist, gibt es nur fünf Zimmer mit jeweils zwei bzw. drei Betten. Vielleicht ist ja jemand dabei, von dem ich etwas lernen kann. Vielleicht aber auch jemand, vor dem ich mich lieber in Acht nehme, weil er in irgendeinem Wahn steckt. Als ich ihnen beim Mittagessen zum ersten Mal begegne, scheinen sie jedoch alle relativ normal zu sein. Das beruhigt mich, allerdings bin ich etwas darüber enttäuscht, dass niemand dabei ist, der sich wirklich mit seiner Krankheit auskennt.

Als es auf den Abend zugeht, nehme ich meine Symptome erst richtig wahr. Unter meiner Brust drückt es extrem, ich habe keinerlei Kraft in den Gliedern und obwohl ich klar weiß, was ich tue, ist es unglaublich schwer, konkrete Gedanken zu fassen. Wenigstens werde ich von den Tabletten endlich müde. Anfangs habe ich Bedenken, dass sie so ähnlich wirken, wie die, die ich drei Jahre zuvor genommen hatte, doch diesmal ist es anders. Seit Tagen schlafe ich wieder einmal durch, fühle mich am nächsten Morgen jedoch nicht von der Wirkung erschlagen. Dafür sorgt mein Körper schon selbst.

Später steht der erste Besuch bei der Stationsärztin an. Während sie auf einem Blatt etwas ankreuzt, erzähle ich ihr die ganze Vorgeschichte. Nachdem ich damit fertig bin, schaut die Psychiaterin mich unbeeindruckt an, als hätte sie die Story bereits 100 Mal gehört und antwortet mit einer unangenehm hohen Stimme: „Ich denke, Ihr Körper ist gerade nur etwas durcheinander, nicht wahr?" - Gott sei Dank bin ich gleich in so kompetenten Händen gelandet! Seit fünf Jahren kann ich nichts mehr essen, ohne danach direkt auf die Toilette zu rennen, habe seitdem durchgehend Einschlafprobleme, bin somit kaum in der Lage einen halbwegs strukturierten Tagesablauf zu führen und jetzt bekomme ich endlich die erlösende Antwort: Mein Körper ist gerade nur etwas durcheinander.

Im Nachhinein weiß ich, dass es ratsam gewesen wäre, besser darauf zu achten, welcher Arzt da vor mir saß und was er hätte können sollen. Da ich Aussetzer hatte, bei denen es die medikamentöse Behandlung eines Psychiaters gebraucht hat, während mir bei anderen Problemen wiederum nur Gespräche mit Psychotherapeuten weiterhelfen konnten, stellt sich für mich aber weniger die Frage, was nun besser oder schlechter ist, sondern ob derjenige das Gesamtbild vor Augen hat. Auffallend häufig bin ich an Leute geraten, die viel zu sehr davon überzeugt waren, mit ihrem Ansatz alles heilen zu können, weswegen ich mir von Beginn an unbedingt mehr Meinungen hätte einholen müssen.

Wenn ich mich im Internet über Antidepressiva schlau machte, las ich meist sehr gegensätzliche Dinge. Die einen konnten damit besser leben, die anderen schwuren dem Zeug für alle Zeit ab. Obwohl ich anfangs auch überwiegend schlechte Erfahrungen damit gemacht hatte, musste ich einsehen, dass sie vor allem in schweren depressiven Phasen eine gute Stütze auf dem Weg zur Normalität sein können. Allerdings verfluchte ich mich jedes Mal aufs Neue, wenn ich die Nebenwirkungen im Internet recherchiert hatte. Die Erfahrungsberichte deckten von Verweiblichung bis Dauererektion die komplette Bandbreite ab und es schien nichts zu geben, was so ein Medikament nicht auslösen kann. Folglich achtete ich auch verstärkt auf alles, was mein Körper machte und fühlte mich noch unwohler. In der Klinik hatte ich hinsichtlich der Einnahme ein wesentlich besseres Gefühl, da dort jederzeit ein Ansprechpartner in der Nähe war.

Was die verschiedenen Behandlungsmethoden angeht, hat sich der gesunde Mittelweg für mich also eher bewährt, als kategorisch für oder gegen etwas zu sein. Wenn ich aber noch einmal einen Neurologen oder Psychiater vor mir sitzen habe, der meint, den lebensgeschichtlichen Hintergrund komplett ignorieren und das Problem rein mit Medikamenten lösen zu können, werde ich ganz sicher das Weite suchen.

Freunde von mir, die damit ebenfalls Pech hatten, neigten dazu, fortan alles über einen Kamm zu scheren und unabhängig vom Schwerpunkt jede Hilfe abzulehnen. Solche Phasen hatte ich auch, manchmal sogar mit dem Hintergrund weder durch eine Therapie, noch mit Medikamenten manipuliert oder „verändert" werden zu wollen. Wieso sollte meine Denkweise auch nicht die richtige sein? Ab und zu fängt man sogar an, sich mit seiner depressiven Rolle anzufreunden und will sich gar nicht reinreden lassen. An manchen Tagen führt die Depression nicht nur zu Trübseligkeit oder Resignation, sondern ermöglicht einen Durchblick, der ein viel breiteres Spektrum bietet, als wenn man nur sorglos mit Scheuklappen durchs Leben rennt. Das bringt sie in dem Moment jedenfalls ziemlich glaubwürdig rüber.

Irgendwann begann ich diese Annahme und mich selbst zum Glück ausreichend zu hinterfragen. Egal wie klar die Sicht in jenen Situationen auch scheinen mag, wenn der Körper streikt oder das Leben langsam aber sicher an Sinn verliert, darf man in Erwägung ziehen, dass der Blick doch verzerrter ist, als man das vielleicht wahrhaben will. Und auch wenn der Stolz manchmal das Letzte zu sein schien, was mir überhaupt noch blieb, wäre es besser gewesen, ihn ein wenig früher abzulegen. Denn so viel ich auch selbstständig gearbeitet und reflektiert hatte, wirklich vorangekommen bin ich letztendlich nur mit der Unterstützung von guten Psychotherapeuten, die in meinem Fall immer auf Verhaltenstherapie spezialisiert waren. Die Betonung liegt auf „gut".

Prodepressiva

Mit dem Frühstück gibt es die Pillen. Es beunruhigt mich ein wenig, dass manche Patienten eine ganze Hand voll davon nehmen müssen. Zum Glück soll ich nur eine schlucken.

Die ersten beiden Tage in der Klinik liege ich überwiegend im Bett und versuche zu rekonstruieren, wie ich in diese Situation gekommen bin. Gleichzeitig mache ich mir Sorgen, wie es jetzt mit der Schule weitergeht. Nun habe ich schon so viele Jahre verloren, ich kann es mir nicht leisten, noch mehr Zeit zu vergeuden. Nach einigen Stunden machen mich diese Gedanken wahnsinnig. Körper und Geist sind wie gelähmt und ich bin erst seit zwei Tagen in diesem Zustand, doch die Zeit vergeht so unendlich langsam, wenn man nicht einmal für eine Sekunde die Gelegenheit hat, sich von seinen Symptomen abzulenken.

Bald darauf bekomme ich Besuch von der Freundin, die vor Weihnachten auf meiner Couch gewohnt hat. Sie erzählt mir von ihrem damaligen Klinikaufenthalt und dass sie diesen Zustand kenne. Ich solle durchhalten, früher oder später würde das schon von allein weggehen. Das gibt mir wenigstens ein bisschen Hoffnung.

Um selbst aktiv zu werden, beginne ich mit verschiedenen Entspannungstechniken wie autogenem Training und progressiver Muskelentspannung. Währenddessen und kurz danach geht es mir auch ein bisschen besser. Den Fokus auf einzelne Körperteile oder die Atmung zu legen, macht die innere Unruhe umgehend etwas erträglicher.

Nach ein paar Tagen wage ich erstmals alternative Überlegungen. Vielleicht sollte ich einfach mal aufhören zu planen, wie es weitergeht? Einfach so tun, als könnte ich später jederzeit einen Job annehmen. Mit den Magen- und Schlafproblemen wäre das momentan zwar unmöglich, aber solange muss ich mir eben doch eine Auszeit nehmen.

Einerseits widerstrebt mir dieser Gedanke heftig, fast jeder in meinem Alter macht gerade etwas aus sich und ich liege hier im Bett und will mir noch mehr freie Zeit einräumen. Trotzdem kommt es mir so vor, als würde sich etwas in mir verändern, sobald ich nicht mehr gegen die Vorstellung ankämpfe, vorerst etwas kürzer zu treten. Es ist irgendwie befreiend, von der Überzeugung loszulassen, ich müsse zu einem bestimmten Zeitpunkt ein bestimmtes Ziel erreicht haben.

Abends erzählt mir mein Zimmergenosse von seinem Unmut. Er hatte mit einer der Krankenschwestern über seine Tabletten geredet und war unzufrieden, da er jeden Tag andere Pillen schlucken sollte. Dabei hatte er ihr erklärt, dass er das Gefühl habe, die Ärzte würden die Antidepressiva willkürlich auswählen und durch das Zeug ginge es ihm noch schlechter als vor seiner Ankunft. Die Antwort der Schwester „Sie sind geisteskrank und es gehört zu Ihrer Symptomatik, so etwas zu denken", macht mich allerdings stutzig. Der Gedanke, nicht mehr für voll genommen zu werden, sobald ich Zweifel an meiner Medikation äußere, verleitet mich dazu, mich bei den Pflegern und Ärzten in dieser Hinsicht so kooperativ wie möglich zu geben.

Am Tag darauf soll ich ebenfalls ein neues Medikament ausprobieren, ein Neuroleptikum. Der Krankenpfleger erklärt mir, dass diese eine andere Wirkweise als Antidepressiva hätten und mitunter auch bei Epilepsie eingesetzt würden. Das klingt zwar seltsam, da es mir durch die letzten Tabletten aber besser ging, bin ich gar nicht mal so abgeneigt. Weil die Ärzte davon ausgehen, dass meine Symptome von der Winterzeit begünstigt werden, muss ich mich außerdem vor einen Kasten setzen, der mit Hilfe von immens hellen Lampen das Sonnenlicht simulieren soll.

Später als es auf das Mittagsessen zugeht, bemerke ich, dass ich plötzlich nicht mehr ruhig sitzen kann. Und selbst wenn es nichts gibt, worüber ich nachdenken muss, hält die Stimme im Kopf nicht mehr die Klappe, noch schlimmer als sonst. Sogar den Druck, den ich beim Sitzen zwischen Hintern und Sitzpolster spüre, nehme ich unangenehm deutlich, fast wie einen Schmerz, wahr. Nach einigen Stunden ist es die Hölle. Um meine Aufmerksamkeit auf einen anderen Reiz zu lenken, zwicke ich mich zwischendurch immer wieder fest in den Arm. Wieso tritt denn jetzt dieses Symptom auf, obwohl ich am Tag zuvor endlich Besserung verspürt habe? In der Nacht wende ich mich an die Pfleger im Stationszimmer und bekomme dort stärkere Tabletten zum Einschlafen. Das dritte Medikament. Mein Rang steigt - keine gute Entwicklung.

Am nächsten Morgen geht es mir wieder besser. Nach dem Frühstück nehme ich erneut meine Pillen ein, woraufhin sich eine Stunde später abermals diese Unruhe breitmacht. Bei der Visite erkläre ich das Symptom und die Ärzte überlegen, welches Medikament dagegen helfen könnte. Eher am Rande stelle ich die Frage in den Raum, ob es sich dabei eventuell um Nebenwirkungen des Neuroleptikums handelt. Sie beraten sich kurz und einigen sich dann darauf, es vorerst wieder abzusetzen. Damit ich den Tag über nicht erneut durchdrehe, bekomme ich Tavor, ein sogenanntes Benzodiazepin, das bei akuten Problemen schnell beruhigt.

Fortan bleibt die Unruhe aus. Und ich will definitiv nicht wissen, was passiert, wenn solche Begleiterscheinungen tatsächlich den Symptomen der Depression zugeschrieben werden und man dagegen noch ein weiteres, langfristig einzunehmendes Medikament schlucken soll, das wiederum neue Nebenwirkungen mit sich bringt.

Disko

Tags darauf, ohne das Neuroleptikum, geht es mir wesentlich besser. Aufgrund der lockereren Zukunftsplanung, dem Umfeld, das die Einrichtung bietet und ohne den Schulstress, bin ich wieder etwas entspannter geworden und meine Kraft kehrt langsam zurück. Wegen der extremen Reaktion meines Körpers hat auch meine Freundin eingesehen, dass die Beziehung vorerst nicht mehr funktionieren kann und wir Abstand voneinander brauchen, was mich zusätzlich erleichtert hat.

Um komplett ausschließen zu können, dass mein Zustand von neurologischen Ursachen begünstigt wurde, muss ich nachmittags in einen Kernspintomographen. Ich war schon einmal in so einem Ding. Es sieht von außen gar nicht so schlimm aus, aber den Kopf voraus in einen riesigen Kasten geschoben zu werden, in dem man nur die warme, nach Plastik riechende Luft einatmet, kann durchaus beklemmende Gefühle auslösen. Man bekommt deswegen eine Fernbedienung in die Hand, auf der sich ein „Holt mich hier raus!"-Knopf drücken lässt, falls man es gar nicht mehr aushält. Da das Gerät innen ziemlich laut ist, muss man außerdem Ohrstöpsel tragen und nimmt anfangs nur die dumpfen Geräusche des eigenen Körpers wahr.

Im Wartezimmer der neurologischen Praxis mache ich mir darüber Gedanken, wie ich die 15 Minuten aushalten soll, die man in dem Teil still liegen muss. Es ist noch ein älterer Mitpatient dabei, der vor mir an der Reihe ist. Als er zurück kommt, schaue ich ihn fragend an: „War gar nicht so schlimm", sagt er, „bisschen wie früher in 'ner schlechten Russendisko: Rumms, rumms, rumms."

In Anbetracht meiner Sorgen muss ich über diesen Vergleich so lachen, dass es mir in der Röhre viel schwerer fällt, mich nicht zu bewegen, als gegen die Platzangst anzukämpfen. Gleichzeitig versuche ich die Sekunden mitzuzählen, aber extra langsam, damit ich mich bloß nicht verschätze. Als ich bei viereinhalb Minuten bin, kann ich außerhalb Geräusche hören und die Schwester zieht mich kurz darauf wieder heraus. Ungläubig frage ich, ob das bereits 15 Minuten waren, woraufhin sie nickt. Anscheinend ist mein Hirn doch noch nicht wieder ganz frisch.

Am nächsten Morgen fühle ich mich dennoch gut. Meine Symptome sind genauso schnell verschwunden, wie sie aufgetaucht sind. Als ich mein Zimmer nach dem Aufstehen verlasse, begegne ich einem Pfleger, der gerade die neue Praktikantin auf der Station herumführt. Sie ist ziemlich attraktiv. Nachdem ich an ihnen vorbei gegangen bin, fällt mir auf, dass ich seit langem wieder einmal weibliche Anziehungskraft wahrnehmen konnte. Dieser Kanal war aufgrund der Überforderung wohl die ganze Zeit über dicht, ähnlich wie bei Appetitlosigkeit. Kurz darauf muss ich zum morgendlichen Check und die neue Hilfskraft darf direkt dabei sein. Erst währenddessen wird mir klar, was das bedeutet.

„Hatten Sie Stuhlgang?" werde ich wie jeden Morgen von den Krankenschwestern gefragt.

„Ja...", antworte ich.

„Durchfall?"

„Ja, hat man mit Reizdarm oft...", rechtfertige ich mich wie immer.

Es gibt sicher bessere Orte, um jemanden kennen zu lernen. Später erfahre ich auch noch, dass die Praktikantin auf meiner Schule ist, sich ihr Klassenzimmer aber in einem anderen Gebäude befindet. Mir graut vor dem Tag, an dem wir uns im Schulhaus oder Nachtleben begegnen, dennoch beruhigt es mich ein wenig, dass mein Interesse an körperlichen Reizen zurückzukommen scheint.

Auf der Station gibt es derweil mehrere Gruppentermine, zu denen man erscheinen muss. Meistens sind es Befindlichkeitsrunden, in denen jeder Patient von wahrgenommenen Verbesserungen oder Nebenwirkungen berichtet. Dazwischen gibt es ab und zu noch Spiele- und Meditationsrunden, außerdem erklären die Psychiater einmal die Woche die Wirkungsweise der Medikamente und an einem weiteren Tag, wie man dazu beitragen kann, dass man während des Aufenthalts ein optimales Ergebnis erzielt. Letzteres klingt erst spannend, entpuppt sich dann aber als lahme Powerpoint-Präsentation, die mitunter Grundsätze wie „Erscheinen Sie pünktlich zu den Gruppenterminen" beinhaltet. Ich höre schon nur noch mit einem Ohr zu, als der einzig wichtige Satz in dem fast zweistündigen Vortrag fällt: „Egal wie gut Ihr Arzt Sie kennt, der beste Experte bezüglich Ihrer Krankheit, sind Sie selbst!" Wusst ich's doch.

Win-Win

Den Rest der Woche fühle ich mich ein bisschen wie ein Fremdkörper in der Klinik. Es geht mir besser als allen anderen Patienten und da durch die maximal zehn Tage Aufenthalt eine hohe Fluktuation herrscht, kommen ständig kaputte Leute rein, während temporär reparierte wieder gehen dürfen.

Am Entlassungstag bin ich fast energiegeladen. Man empfiehlt mir, dass ich mich zuhause bald um einen längeren Aufenthalt in einer psychosomatischen Klinik kümmere, da einige Monate ins Land gehen können, bis man dort einen Platz bekommt. Die langfristigen Antidepressiva behalte ich bei, obendrein lasse ich mir für alle Fälle noch etwas stärkere Tabletten verschreiben, die ich bei akuten Einschlafproblemen einwerfen kann.

Tags darauf verabrede ich mich mit Emilia und wir spazieren wieder den Main entlang. Später spielen wir bei ihr zuhause gemeinsam mit ihrer Mutter Gesellschaftsspiele. Es tut gut, dass ich mich in einem fremden Haus so wohl fühlen kann. Durch Emilias Vergangenheit ist dort jeder ziemlich sensibel, was psychische Probleme angeht. Dennoch merke ich bereits, dass mir das geschützte Umfeld der Klinik fehlt. Um weiter regenerieren zu können, brauche ich unbedingt einen sicheren Pol.

Immer wenn Emilia und ich uns sehen, ziehen wir uns gegenseitig hoch. Und seit wir uns kennen, ist mir völlig klar, dass sie genau in das Schema passt, nach dem ich die Freundschaften mit Anne bis zuletzt

Daryna aufgezogen hatte. Sobald ich es mir erlaube, ihr diese besondere Rolle zu geben, kann ich mir fast sicher sein, dass alles, was mir das Hirn zermartert, vorerst vergessen sein wird und ich vor Energie nur so sprudele. Den Preis kenne ich zwar, aber keine andere Möglichkeit. Bald darauf kämpfe ich nicht mehr dagegen an und lasse mit Emilia bewusst ein Verhältnis zu, von dem ich eine Zeit lang zehren werde, auch wenn ich wahrscheinlich eines Tages davon abhängig bin und dann daran verzweifele. Es ist verrückt, dass das überhaupt immer wieder funktioniert, aber das hat es neun Jahre lang.

Wenig überraschend laufen die Wochen nach der Klinik vergleichsweise gut. So gut, dass ich mich gar nicht dazu gezwungen sehe, mich um einen Platz in einer weiteren Einrichtung zu bemühen. Derweil bietet mir meine Tante an, dass sie mit mir kurzfristig nach Norwegen fahren würde. Obwohl ich einen Monat später bereits einen Trip mit Daryna und Emilia geplant habe, stimme ich sofort zu.

Während der Fahrt mit meiner Tante nehme ich meine körperlichen Einschränkungen noch deutlich wahr. Wir planen, innerhalb weniger Tage fast bis an die Spitze Europas zu kommen, um dort Nordlichter sehen zu können. Anfangs kann ich einige Stunden am Tag selbst fahren, akzeptiere dann aber die Grenzen meines Körpers und gebe das Ruder öfter mal ab.

Entgegen den Informationen der offiziellen Tourismus-Webseite, die Hauptverkehrsstraßen seien das komplette Jahr über geräumt, liegen ab der Hälfte der Strecke einige Fahrzeuge mit leuchtendem Warnblinklicht am Straßenrand, zum Teil um 180 Grad gedreht, zum Teil im Graben. Erst da merken wir, dass unsere Unternehmung etwas unvernünftig ist. Wir sind mit einem frontbetriebenen spanischen Kleinwagen ins ewige Eis gefahren, vor und hinter uns hunderte Kilometer verschneite Straßen und jeder, der etwas Verstand mitbringt, besitzt hier oben einen Geländewagen. Immerhin haben wir Schneeketten im Kofferraum.

Da es egal ist, ob wir auf dem Weg nach Norden oder Süden umkommen, bleiben wir bei unserem Vorhaben. Am Ende kann ich nicht mehr zählen, wie oft es uns um ein Haar aus der Kurve geworfen hätte und ob der Bremsweg durchschnittlich 100 oder 200 Meter betrug, aber irgendwie schaffen wir es bis ins Zielgebiet. Die vielen Sinneseindrücke während dieser Reise machen mich innerhalb kürzester Zeit wieder lebendiger, wahrscheinlich aber auch die vielen Augenblicke, in denen ein Unfall unvermeidlich schien und mein Körper endlich wieder einmal Adrenalin freisetzen durfte.

Das Nordlicht haben wir letzten Endes sogar nur zu Gesicht bekommen, weil wir am Tag der letzten Etappe unrühmlich durch den Matratzensport unserer Hotelzimmernachbarn geweckt wurden, dadurch ein paar Stunden früher als geplant das Hotel verließen und so zur richtigen Zeit am richtigen Ort waren. Das nennt man wahrscheinlich Win-Win-Situation.

Desperate times call for
desperate measures

Als wir wieder zuhause sind, chatte ich mit meiner Exfrau, die inzwischen in der Parallelstraße wohnt. „Mein Problem ist, dass ich noch nicht weiß, wann ich richtig fit bin", schreibe ich. Als Antwort kommt zurück: „Mein Problem ist schwarz, zwei Meter groß und weint."

Daraufhin gehe ich zu ihr hinüber und sie erklärt mir, dass ihr Nachbar aus der Wohnung seiner Ex-Freundin geschmissen worden sei. Er spreche nur Englisch und kenne hier niemanden, weil er direkt nach seiner Zeit bei der Army in Deutschland blieb. Zurzeit warte er auf den Beginn seines Arbeitsver-hältnisses, was momentan aber noch an bürokrati-schen Hürden scheitere. Und da er sich sonst an nie-manden wenden konnte, hat er an der Tür meiner Exfrau geklopft. Gerade ist er nebenan in der Woh-nung und packt seine Sachen.

Wenn ich bei dem Aufenthalt in der Krisenter-ventionsstation eine Sache gelernt habe, dann, dass ich aufhören muss, mich um die Krisen anderer Leute zu kümmern. Erst recht, wenn diese vor kurzem noch in Krisengebieten waren. Doch es ist Samstagabend, wir haben keine Ahnung, wo man ohne Geld kurzfris-tig ein Dach über dem Kopf herbekommt und nur mit seinem Englisch, schafft er es hier sowieso nicht weit. Also gehe ich hinüber und höre mir seine Ge-schichte an.

Dabei erfahre ich, dass er eigentlich keine Schlüssel mehr besitzt, als er jedoch merkte, dass gerade niemand in der Wohnung ist, hat er sich mit einem bei der Army gelernten Feuerzeugtrick Zutritt verschafft, um sein Zeug zu holen.

Vor mir steht also ein riesiger Kerl, der noch vor ein paar Monaten im Krieg seinen Dienst abgeleistet hat, mit nichts außer ein paar Klamotten in einem fremden Land festsitzt und dem man die Verzweiflung aus dem Gesicht lesen kann. Außerdem schafft er es, trotz einer Flasche Wodka intus nicht zu lallen, aber vielleicht liegt das auch nur am Slang.

Draußen ist es nachts noch viel zu kalt, um auf einer Parkbank zu schlafen. Ich kann nicht anders als ihm meine Couch anzubieten. Als er seine Sachen gepackt hat und die aufgebrochene Tür zuziehen will, springt sie aufgrund des Schadens durch die unsachgemäße Öffnung immer wieder ein Stück auf. „Well, I guess the Army was here...", sagt er schulterzuckend. Naja, wenigstens hat er noch Humor.

Nachdem wir seine Koffer in meine Wohnung gebracht haben, darf er sich im Wohnzimmer ausbreiten. In seinem Gepäck befindet sich auch ein riesiges Messer aus seiner Dienstzeit. Während ich im Bett liege, lasse ich mir die Sache nochmals durch den Kopf gehen: Auf meiner Couch liegt gerade eine zwei Meter große Kampfmaschine, die ich seit knapp drei Stunden kenne. Sollte ich das Zimmer nicht lieber abschließen? Ich entscheide mich dafür, meiner Menschenkenntnis zu vertrauen und lasse die Tür offen - und habe sogar überlebt.

Am nächsten Morgen meldet sich die Polizei, da die Ex-Freundin meines neuen Mitbewohners den Schaden an der Tür gemeldet hat. Umgehend fahren wir aufs Revier, wo ich ebenfalls eine Aussage machen soll. Zum Ende werde ich gefragt, ob mein Gast bei mir wohnen dürfe, bis er eine eigene Unterkunft gefunden habe. Daraufhin frage ich nach, wie denn der Zustand in den Obdachlosenheimen sei. „Schlecht", antwortet der Polizist. Und schon kann ich nicht mehr anders. Da ich den Kerl bereits etwas besser kenne, erkläre ich mich bereit, ihn längerfristig aufzunehmen.

Daraus werden fast vier Monate. Bei allem was mit Ämtern und Behörden anfällt, muss ich mitkommen, um zu übersetzen. Schon nach wenigen Tagen vernehme ich wieder die ersten Symptome der Überforderung. Eigentlich muss ich weiter regenerieren, doch ich habe mich abermals für das höhere Gut entschieden. Nach einigen Wochen verfluche ich mich regelmäßig selbst dafür.

Dazwischen steht glücklicherweise der Urlaub mit meinen beiden Freundinnen an und damit die Möglichkeit, auf andere Gedanken zu kommen. Die äußeren Bedingungen sind diesmal besser als während der Fahrt mit meiner Tante, die inneren dafür nicht. Wir fahren nach Finnland und sind dabei nahe der russischen Grenze. Daryna fühlt sich an ihre Kindheit zurück erinnert und erzählt erstmals Details aus der Zeit, als sie nach Deutschland kam. Wie schlimm es für sie als Kind gewesen sei, alles was sie kannte, hinter sich zu lassen und fortan in einem Land zu leben, in dem man niemanden versteht. Auch Emilias Laune erreicht zwischenzeitlich den Gefrierpunkt. Ab der Hälfte des Trips ist die Atmosphäre überwiegend von einer bedrückenden Stimmung geprägt.

In einem depressiven Geschwader sollte man zwar generell keine Partystimmung erwarten, auf Reisen empfiehlt es sich aber grundsätzlich pro akut Gestörtem eine psychisch stabile Person mitzunehmen. Der Urlaub hatte dennoch seine Höhepunkte. Von einem erzählt uns Daryna, als sie an einer Raststätte das Toilettenhäuschen aufgesucht hat. Trotz meiner Warnung, dass diese Einrichtungen etwas widerwärtig sein können, geht sie mit den Worten „In Russland hatten wir nur Plumpsklos, mich kann nichts abschrecken." Daraufhin beobachte ich gespannt, wie sie die Kabine betritt. So schnell wie die Tür zufällt, reißt Daryna sie wieder auf, kommt zurück und schüttelt fassungslos den Kopf: „Ich weiß nicht, wie mein Vorgänger das hinbekommen hat, aber der Haufen da drin war höher als die Klobrille." Vermutlich der buchstäblichste Höhepunkt.

Eiszeit

Einige Tage nach diesem Urlaub machen sich abermals meine gewohnten Symptome bemerkbar. Vor allem das Einschlafen fällt mir wieder unheimlich schwer. Um dem etwas entgegenzusetzen, greife ich zu dem stärkeren Medikament, welches ich für solche Fälle verschrieben bekommen habe. Als ich am nächsten Morgen aufstehen will, fühle ich mich jedoch noch viel elender. Mit aller Gewalt kämpfe ich mich durch den Tag, bin abends aber erneut auf die Pillen angewiesen, um überhaupt müde zu werden. Das geht nur über drei Tage so, doch es kommt mir vor, als wären es Wochen. Jede Sekunde in diesem Zustand ist eine zu viel.

Irgendwann schaffe ich es, mich an die frische Luft zu zwingen. Während ich die Brücke am Bahnhof überquere, erwische ich mich plötzlich dabei: „Ob man den Sprung überleben würde?"

Moment… solche Gedanken waren seit Jahren tabu. Wieso schaffen sie es nun wieder in meine bewussten Überlegungen? Mir wird klar, dass hier ganz sicher etwas falsch läuft. Bald erinnere ich mich daran gelesen zu haben, dass manche Medikamente auch suizidale Gedanken begünstigen können, woraufhin ich das Zeug nach kurzer Rücksprache mit meiner Ärztin vorsichtshalber wieder absetze.

Im Frust durchsuche ich das Internet nach anderen Ansatzpunkten. Schon seit längerem interessiere ich mich für Theorien, die sich mit der Frage auseinandersetzen, wieso es gerade heute solch einen Vormarsch psychischer Erkrankungen gibt, während unsere Vorfahren in Jäger- und Sammlerkulturen in Anbetracht der niedrigeren Lebenserwartung, tagtäglichen existentiellen Bedrohungen und ohne die heutige medizinische Versorgung doch viel schlechtere Vorzeichen hatten.

Zu Beginn dieser Erklärungsversuche wird stets hervorgehoben, dass das Erleben von Angst eigentlich den wichtigen Nutzen hat, ein Lebewesen bei einer drohenden Gefahr auf einen Kampf oder die Flucht vorzubereiten, wofür der Körper mit Hilfe von Hormonen in Alarmbereitschaft versetzt wird: Das Herz schlägt schneller, die Muskeln spannen an und die Sinne werden schärfer. Für unsere Vorfahren waren diese Reaktionen aufgrund der Bedrohung durch wilde Tiere oder feindliche Stämme somit regelmäßig überlebenswichtig.

Nun ist der Mensch im vermeintlich weniger lebensbedrohlichen Alltag heutiger Industrienationen zwar seltener direkten Gefahren ausgesetzt, allerdings birgt allein schon unser Wirtschaftssystem, in dem Konkurrenz und Leistungsdruck oft auf der Tagesordnung stehen, genügend andere Stressquellen, die im Körper permanent für Unruhe und Anspannung sorgen. Wenn das zum Dauerzustand wird und gleichzeitig kein ausreichender Stressabbau stattfindet, kann das nicht nur den Körper, sondern auch den Geist krank machen.

Als natürliche antidepressiv wirkende Gegenpole werden meist körperliche Bewegung, ausreichend Schlaf, viel Sonnenlicht und soziales Miteinander genannt. Das deckt sich sowohl mit den Empfehlungen meines ehemaligen Therapeuten, der mir stets geraten hatte, ausreichend Sport zu treiben, als auch mit der Maßnahme der Psychiater, mich in der Klinik vor den leuchtenden Kasten zu setzen. Nun will ich aber versuchen alles zu kombinieren und meinen gesamten Tagesablauf so zu strukturieren, dass jeder Faktor maximal zur Geltung kommt.

Da diese Informationen nur einen Wert haben, wenn man direkt in die Umsetzung übergeht, zwinge ich mich trotz des dreckigen Schwächegefühls aufzustehen und joggen zu gehen. Mein Körper ist nach nur einem Kilometer völlig fertig, doch die mit der körperlichen Anstrengung einhergehende Erschöpfung fühlt sich allemal besser an, als die Symptome der Depression.

An den darauf folgenden Tagen gehe ich abermals Laufen, spaziere zusätzlich noch einige Zeit in der Sonne und verbringe die Abende durchgehend in Gesellschaft. Nach drei Tagen sind die kürzlich aufgetreten Symptome tatsächlich abgeschwächt, nach sechs sogar fast ganz verschwunden.

Während der Recherchen begegnet mir des Öfteren die Ansicht, dass die Depression auch durch die heutigen Ernährungsgewohnheiten und damit einhergehendem Nährstoffmangel, dem unausgeglichenen Verhältnis von Omega-3- und Omega-6-Fettsäuren oder den vielen aufgenommen Transfetten gefördert werde. Andere wiederum sehen das Problem im Vitamin-D-Mangel, auf den ich mich bald darauf testen lasse, der bei mir jedoch nicht vorliegt. Mein Hausarzt merkt dabei sehr treffend an, dass all diese Dinge eine Rolle spielen könnten, so etwas aber gerne heißer gekocht werde, als es eigentlich sei. Es hatte sich auch meist zu schön gelesen, endlich ein Allheilmittel gefunden zu haben.

Infolgedessen beschließe ich, mich nicht mehr allzu sehr auf eine Sache zu versteifen, achte fortan aber dennoch darauf, dem ganzen Ungleichgewicht entgegenzuwirken, indem ich versuche mich ausgewogener zu ernähren, immer genug Flüssigkeit aufzunehmen und irgendwie auf meinen Schlaf zu kommen, mindestens dreimal die Woche eine Stunde Sport treibe, täglich bei Tageslicht spazieren gehe und spätestens alle drei Tage etwas mit Freunden unternehme.

Die Kombination aller Maßnahmen hat ohne Frage eine beeindruckende antidepressive Wirkung, sie setzt allerdings erst an meinen Symptomen an und nicht am Ursprung des Problems. Wenn ich mich einmal nicht aufraffen kann und dadurch eine der Komponenten zu sehr vernachlässige, wackelt sofort das ganze Gerüst und die Depression kommt innerhalb weniger Tage zurück.

Platz für Schweres I

Da ich eine langfristige Lösung brauche, versuche ich es bei Emilias neuer Therapeutin. Mein Vertrauen zu Ärzten und Seelenklempnern hat unter den Erfahrungen der letzten Jahre und Monate allerdings stark gelitten. Eher unbewusst lege ich fast jedes Wort auf die Goldwaage, um herauszufinden, ob mich mein Gegenüber überhaupt so ernst nimmt, dass ich auch ihn ernst nehmen kann. Sobald derjenige den Anschein macht, dass er nicht verstehe, worauf ich hinaus will, fällt er sofort durch ein Raster und das Gespräch zieht nur noch an mir vorbei.

In der ersten Therapiestunde zähle ich wieder alle vergangenen Geschehnisse auf, die ich für relevant halte. Obwohl die Dame von Beginn an sehr einfühlsam wirkt, ist es mir fast unangenehm, dass die Geschichte kaum ein Ende findet. Manchmal habe ich beim Erzählen sogar das Gefühl, dass ich mich noch dafür rechtfertigen muss, was alles passiert ist.

Als ich endlich zum Ende gekommen bin, schaut sie mich verwundert an und weist mich daraufhin, dass ich die ganze Zeit gelacht hätte, obwohl ich von so vielen schlimmen Erfahrungen erzählte. Als wenn ich schon so einen Abstand zu meiner eigenen Vergangenheit genommen hätte, dass ich sie selbst gar nicht mehr ernst nehmen könne. Wie ein schlechter Film, den man einfach nicht glauben wolle.

Nachdem sie das ausgesprochen hat, zucken unzählige warme und kalte Impulse durch meinen ganzen Körper und ich habe das Gefühl, mir kommt etwas hoch. Dann schießen mir Tränen in die Augen und die Therapeutin erklärt mir, dass es nicht verwunderlich sei, dass ich mich von all den Geschehnissen abkapsele. Wenn es nirgends einen Platz dafür gebe, dann drücke man die Vergangenheit eben weg.

Danach kommen wir darauf zu sprechen, dass es mir kaum noch gelingt, etwas zu genießen. Und dass ich das eigentlich nie so richtig konnte. Ebenso ist mir Leidenschaft ein Fremdwort. In beiden Beziehungen war es einfach nicht dasselbe, was ich bei anderen Paaren beobachten kann. Ich bin absolut nicht in der Lage, mich gehen zu lassen und inzwischen existiert kaum noch ein Lustempfinden in mir. Die Therapeutin meint, dass sich das wieder ändern würde, wenn ich endlich aufhöre, ständig auf alles zu verzichten, um anderen helfen zu wollen. Ich habe aber nicht mal mehr ein Gefühl dafür, was daran gut sein soll, nicht zu verzichten. Es gibt nichts, worüber ich noch sagen könnte, dass ich es wolle oder brauche.

Auf der Heimfahrt lasse ich mir noch einmal alles durch den Kopf gehen. So sehr ich auch gegen meine Symptome arbeite und mich mit Sport oder anderen Aktivitäten bei Laune halte, bevor ich nicht mit der Vergangenheit aufräume, ihr den Platz gebe, den sie braucht, kann ich wohl nie wirklich gesund werden. Und eigentlich weiß ich schon seit langem, dass ich davon ablassen muss, in meinem Umfeld alles regeln zu wollen. Inzwischen betrifft das auch Emilia, doch sobald ich mich an den Gedanken des Loslassens herantaste, glaube ich alles aufs Spiel zu setzen, was mich morgens überhaupt noch aufstehen lässt. Da nun auch noch ihre Beziehung zu kriseln beginnt, fällt mir nichts anderes ein, als sie so gut wie möglich zu stützen, damit ich im Notfall auch auf sie zurückgreifen kann. Sie wiederum meint, dass ich mich endlich für einen langfristigen Klinikaufenthalt anmelden soll. Die Zweifel, dort jemandem zu begegnen, der mir weiterhelfen kann, die Angst vor dem, was mit Emilia passiert, wenn ich nicht da bin, und der Glaube daran, mit genug Willen alles schaffen zu können, lassen mich jedoch weiterhin zögern. Was Letzteres angeht, hätte ich als Kind vielleicht einfach nicht so viele japanische Serien wie Dragonball und Pokémon anschauen sollen, in denen solche Phrasen ständig hoch und runter gepredigt wurden.

Once I stayed alive for you…

Der Sommer steht vor der Tür. Bei Daryna läuft es endlich besser. Mit ihrem Freund im Rücken schafft sie es sogar, den Kontakt mit ihrer Familie wiederherzustellen. Außerdem konnte mein Mitbewohner mit seiner Arbeit beginnen und ist in eine eigene Wohnung gezogen. Dafür ist eine andere Baustelle entstanden, als Emilia sich von ihrem Partner getrennt hat. Anfangs gelingt es mir, sie mit Ablenkungen weitestgehend bei Laune zu halten, doch schon nach kurzer Zeit nimmt dieses Vorhaben wieder ungesunde Züge an. Wenn sie sich nicht aufraffen kann, fahre ich sie manchmal zu ihren Freunden, ohne dass ich selbst dabei bleibe. Wenige Tage später verplane ich nicht einmal mehr meine eigenen Abende, damit ich mich direkt um sie kümmern kann, falls es ihr schlecht geht. Die Befürchtungen vor dem, was erneut ausbrechen könnte, wenn sie rückfällig wird, lassen mich jede Vernunft vergessen und in ständiger Alarmbereitschaft verweilen.

Nach ein paar Wochen bin ich völlig ausgelaugt. Bald erwische ich mich bei einem Spaziergang über eine Mainbrücke wieder dabei: „Ob die Höhe wohl ausreichen würde, wenn man am Ufer aufschlägt?"

Ich gebe mich geschlagen. Es ist ein Fass ohne Boden, was ich seit Jahren füllen will. Ich schaffe es einfach nicht, in diesem Leben klarzukommen. Es kann nicht sein, dass mir ständig die Kraft fehlt und pausenlos dieser Leidensdruck herrscht, der mir schleichend die Lust an allem nimmt. Eine letzte

Chance gebe ich mir noch. Über Monate habe ich es hinausgezögert, doch nun melde ich mich endlich in einer psychosomatischen Klinik an, die mein ehemaliger Therapeut einmal erwähnt hatte.

Einige Tage später bekomme ich Rückmeldung. Die Wartezeit beträgt voraussichtlich drei Monate, das wäre Oktober. Ich habe keine Ahnung, wie ich das in diesem Zustand aushalten soll, doch ich bin selbst schuld. Bis zum allerletzten Moment habe ich es hinausgezögert, dabei signalisiert mir mein Körper schon seit Jahren, dass es ihm reicht.

Um in meiner Verfassung nicht wahnsinnig zu werden, versuche ich ständig für Ablenkung zu sorgen. Unter anderem übernehme ich den Nachtdienst auf einem kleinen Festival in der Stadt. Dort lerne ich einige Tage später Alex kennen. Daryna erzählte mir zuvor, dass auch er von klein auf einiges einstecken musste und damit ebenfalls lange zu kämpfen hatte. Wir haben ihn schon einmal zusammen in der Stadt getroffen und immer wenn ich ihn sehe, ist er locker und gut gelaunt. Unter Leuten kann ich das zwar auch spielen, bei ihm scheint es aber keine Maske zu sein.

Schon bald komme ich mit ihm ins Gespräch und wir reden eine Weile über uns. Es ist schon spät am Abend und wir sind beide ziemlich fertig, doch die Unterhaltung hat einen hohen Wert für mich. „Es ist ein harter Weg, aber das ist nun mal unser Weg!", sagt er zum Abschluss.

Wie lange habe ich darauf gewartet, dass endlich jemand vor mir steht, der weiß, wie die pure Verzweiflung aussieht und nicht im Tabletten-, Alkohol-

oder Drogensumpf unterging, sondern es aus eigener Kraft heraus geschafft hat. Vielleicht ist für mich ja doch noch mehr drin.

Nach dem Festival plane ich wieder eine Fahrt in den Norden. Es ist das sechste Mal innerhalb von zwölf Monaten, dass ich mich dorthin flüchte. Diesmal sind wir zu sechst: Emilia, Daryna, ihr Partner, dessen Cousine, deren Freund und ich.

Unterwegs zeichnet sich langsam ab, dass das Verhältnis zwischen meinen beiden Freundinnen immer schlechter wird. Obwohl sie jahrelang unzertrennlich im Abgrund herumirrten, schienen sie an der Oberfläche daran zu scheitern, einen gemeinsamen Nenner zu finden.

Während wir nach und nach unsere Etappenziele abklappern, muss ich mir außerdem eingestehen, dass mir dieser Ausflug nicht ansatzweise das gibt, was ich mir davon erhofft hatte. Ich bin nicht besonders anspruchsvoll, aber das hier sollen doch die Momente sein, in denen es einem gut geht, die das Leben lebenswert machen. Wenn selbst solche Highlights inzwischen ihren Wert verloren haben, weiß ich nicht, was kommen muss, damit es überhaupt noch Gründe gibt, den Alltag auszuhalten.

Der Weg nachhause beginnt morgens an der Westküste. Mit Ausnahme der dreistündigen Fährüberfahrt, dem Abendessen und Pinkelpausen fahre ich 39 Stunden am Stück durch. Meine Freunde fragen mich regelmäßig, ob ich nicht eine Schlafpause einlegen will, aber die Vorstellung einschlafen zu müssen, ist mir zu anstrengend. Lieber manipuliere ich meinen Körper mit dem Gedanken, dass Daryna am nächsten Tag einen wichtigen Termin beim Jugendamt hat und entgehe damit jeder Müdigkeit. Da ich diese Tour bereits mehrmals gefahren bin, weiß ich, wann der Punkt erreicht ist, dass es aufgrund mangelnder Konzentration besser ist, eine Pause einzulegen. Aber er kommt nicht, über 2.000 Kilometer.

Zurück in der Heimat suche ich wieder krampfhaft nach verschiedenen Beschäftigungen, damit erst gar nicht der Gedanke aufkommen kann, dass ich diesen kaputten Zustand noch über zwei Monate aushalten muss. Ab und zu helfe ich deswegen Emilia bei ihrer Seminararbeit. Obwohl jede andere Form von Anstrengung die reinste Qual ist, funktioniert das komischerweise genauso wie die lange Heimfahrt eine Woche zuvor. Zuhause schaffe ich es nicht einmal mehr, Briefe zu öffnen oder einen einzigen Teller abzuspülen.

Meine Exfrau sehe ich währenddessen nur noch sehr selten, da sie zu ihrem Freund gezogen ist. Wenn es doch mal dazu kommt, ist sie kaum wiederzuerkennen. Einmal gehen wir sogar zusammen joggen. Drei Jahre zuvor ist sie ohne ihr Notfallspray an jeder Treppe gescheitert, wir hatten aufgrund ihrer Rückenprobleme zwischenzeitlich über einen Rollstuhl nachgedacht und jetzt gehen wir einfach mal joggen. Vielleicht hatte die seltsame Frau damals doch Recht. „Alles ist psychosomatisch!" Zumindest fast.

…now I would even die for you

Lange Zeit hielt mich das Thema Geld davon ab, über einen Klinikaufenthalt auch nur nachzudenken. Meine Tante und meine Mutter halfen mir, wo es nur ging, aber es widerstrebte mir enorm, mich komplett ohne Einkommen von ihnen tragen zu lassen. Wir fanden jedoch auch kaum Informationen, was mir zusteht, wenn ich eine längere stationäre Therapie beginne. Da ich den Begriff Hartz 4 oft nur im Zusammenhang mit Faulheit und Sozialschmarotzern hörte, hatte ich mich in den letzten Monaten lieber für die Schule und damit einhergehenden Qualen entschieden, um so wenigstens Kindergeld zu erhalten. Als ich mich dann doch für die Klinik anmeldete, habe ich den finanziellen Aspekt komplett ausgeblendet. Erst einige Wochen später vereinbare ich einen Termin im Jobcenter, um die Situation zu erklären.

Arbeitslosengeld beantragen. Schon wieder so ein Szenario, von dem man hofft, dass man es in seinem Leben nicht durchmachen muss. Als ich vor dem Raum der zuständigen Sachbearbeiterin warte, kommen mir wieder Zweifel. „Stelle ich mich vielleicht doch nur an? Wie oft hören die wohl die selbe Leier?" Entgegen meiner Befürchtungen ist die Dame aber sehr nett und verständnisvoll, und so sehe auch ich endlich ein, dass ich diese Stütze jetzt in Anspruch nehmen darf, weil es schlicht und ergreifend nicht mehr anders geht. Und, dass jede andere Meinung dazu völliger Schwachsinn ist.

Nachdem ich mich zuhause durch den Antrag ge-
kämpft habe, erhalte ich einige Wochen später einen
Brief, in dem man mir den Termin bei einem Gutach-
ter mitteilt. Trotz der Unterlagen aus der Kriseninter-
ventionsstation fürchte ich jedoch schon wieder, dass
meine Beschwerden als nicht schlimm genug einge-
stuft werden könnten. Als ich die Praxis betrete und
„Fachärztin für Psychiatrie" am Türschild lese, werde
ich noch nervöser. Erneut erzähle ich der älteren Dame die komplette Geschichte und bin auf eine unangenehme Weise gespannt, was ich diesmal als Antwort bekomme. Doch auch sie stellt sofort klar, dass
ein Klinikaufenthalt unbedingt notwendig ist.

Ein paar Tage später erhalte ich einen Bescheid
darüber, dass mir das ALG II zusteht, woraufhin ich
ohne belastende Gedanken an Finanzielles weiter auf
meinen Aufnahmetermin warten kann.

Mein Körper lässt mich derweil spüren, dass ihm die
Kraft fehlt, die ich in den Wochen zuvor an anderer
Stelle investiert habe. Allein nur im Bett zu liegen
und versuchen einzuschlafen, ist inzwischen zu solch
einer Anstrengung geworden, dass ich jede Nacht
massenhaft ungesundes Essen in mich hineinstopfen
muss, um überhaupt noch müde zu werden. Doch
egal wie lange ich daraufhin auch schlafe, das Aufstehen fällt wiederum so schwer, dass ich oft liegen
bleibe, bis es langsam wieder dunkel wird. So schaffe
ich es manchmal erst gegen Abend mich aufzuraffen,
um mir dann erneut Betäubungsmittel in Form von
Backwaren und Schokolade zu besorgen, woraufhin
der Kreislauf von vorne beginnt. Immer wieder ver-

suche ich einen normalen Schlafrhythmus zu erzwingen, indem ich einen kompletten Tag wachbleibe, doch selbst nach 36 Stunden ohne Schlaf muss ich mich überfressen, damit ich ansatzweise müde werde.

Als ich erneut völlig ratlos bin, frage ich Emilia, ob ich ihr nochmals bei ihrer Seminararbeit helfen soll. Mich auf diese Weise zu manipulieren und abzulenken, hat bisher immer geklappt. Sie stimmt zu, doch bereits nach wenigen Minuten zeigt sich, dass mir inzwischen selbst dafür die Kraft fehlt und mein Aufopferungs-System erneut seinen Zenit erreicht hat. Ich hatte gehofft, dass ich mich damit bis in den Oktober schleppen kann, stattdessen wird mir bewusst, dass ich nun noch wochenlang mit diesem unerträglichen Gefühl in mir klarkommen muss und ich breche vor Emilia zusammen.

„Du musst endlich aufhören, nach mir zu schauen!", sagt sie, von der Situation völlig überfordert. „Ich kann aber nicht anders...", versuche ich zu erklären. Es ist als würde es mich selbst kaum noch geben. Meine Gefühle, meine Stimmung, alles steht und fällt mit Emilias Zustand. So etwas wie eigene Bedürfnisse kann ich überhaupt nicht mehr wahrnehmen.

Am Morgen darauf rufe ich sofort unsere Therapeutin an und lasse mir den nächstmöglichen Termin geben. Wenige Tage später erfahre ich dort, dass man mein Verhalten gegenüber Emilia inzwischen mit einer Co-Abhängigkeit vergleichen könnte. Dieses Phänomen liegt oft bei Angehörigen von Alkoholikern vor, es kann aber auch bei jeder anderen Suchtkrankheit dazu kommen.

Was mit Hilfsbereitschaft und gut gemeinter Unterstützung anfängt, artet in solch einer Kontrolle und Idealisierung aus, dass der Co-Abhängige irgendwann davon überzeugt ist, den Suchtkranken mit aller Macht über Wasser halten zu müssen, auch wenn er bei diesem Unterfangen selbst absaufen sollte. Dabei merkt der scheinbar Hilfeleistende aber nicht, dass er die Krankheit des anderen mit seinem Verhalten sogar noch fördert. Man darf jemandem eine Zeit lang unter die Arme greifen, früher oder später muss man denjenigen aber loslassen, ansonsten kann er nie einen richtigen Umgang mit seinen Problemen erlernen. Das einzige was mir somit übrig bleibt, ist vorerst Abstand zu Emilia zu halten, was die Situation für mich noch schwieriger macht.

Nun sind es noch vier Wochen bis Oktober, allerdings kann Oktober auch Ende des Monats bedeuten, also muss ich vielleicht noch acht Wochen durchstehen. Erneut setze ich mir mehrere kleine Ziele, um möglichst viel Zeit zu überbrücken. Unter anderem versuche ich wieder viel Sport zu treiben und beginne damit Norwegisch, Türkisch, sowie Gitarre zu lernen. Wenn wir etwas zu dritt unternahmen, spielten Daryna und Emilia oft etwas darauf vor, während mir höchstens die Triangel zugetraut wurde. Da aber niemand eine besaß, lag ich meistens nur herum und hörte ihnen zu. Die Momente konnte ich sogar fast genießen.

Freundschaft II

Um auf den letzten Metern noch einmal Ablenkung zu finden, besuche ich meine Schwester. Inzwischen ist sie in einem Hotel in der Nähe von Berlin angestellt. Dort wohnen seit kurzem auch Anne, mit der ich im Frühjahr das erste Mal seit zehn Jahren wieder etwas unternommen hatte, und Louis. Am Abend meiner Anreise gehen wir zusammen essen. Schon dort rede ich auffallend viel und mitunter etwas wirr.

Den Tag darauf verbringe ich allein in der Wohnung meiner Schwester. Nachts gehe ich hinaus, um sie nach Schichtende von ihrer nahegelegenen Arbeitsstelle abzuholen. Der Weg, den ich dafür entlanglaufen muss, ist von gelben Lampen beleuchtet, von denen einige ständig an- und wieder ausgehen. Es ging mir den ganzen Tag schon etwas seltsam, nach einigen Schritten kommt es mir aber obendrein so vor, als wäre ich nicht mehr ganz bei Sinnen. Das ständige Flackern und das Gefühl, dass ich die Situation nicht rational beurteilen kann, lösen langsam Panik in mir aus. Immer wieder versuche ich mit mir selbst zu reden und zu überprüfen, ob ich selbst noch weiß, was ich tue. Die Angst hat mich jedoch so im Griff, dass ich mich sogar verstecke, als ich hinter mir jemanden laut grölen höre. Es ist nur ein besoffener Fahrradfahrer. Als er weg ist, traue ich mich zurück auf die Straße und gehe weiter.

Einige Minuten später sehe ich im Straßengraben etwas liegen. Es ist der Typ, der mit dem Fahrrad unterwegs war. Erst bewege ich mich auf ihn zu, um ihm zu helfen, doch als ich direkt davor stehe, sehe ich nur Glatze, Bomberjacke und Springerstiefel... Und er ist so besoffen, dass er mich nicht einmal wahrnimmt, als er noch lautstark am Fluchen ist.

Bevor ich darüber nachdenken kann, was ich jetzt machen soll, gewinnt meine Angst schon die Oberhand und ich renne zurück in die andere Richtung. Erst als ich völlig erschöpft stehen bleibe, kann ich wieder klar denken und versuche mich neu zu orientieren. Dabei sehe ich, dass ich über zwei Kilometer in die falsche Richtung gelaufen bin und nie bei meiner Schwester angekommen wäre.

Am nächsten Tag treffe ich mich nochmals mit Anne in der Stadt. Während wir uns unterhalten, gehe ich erneut in diesen unkontrollierbaren Gedankenspiralen verloren. Zwar gebe ich ihr stets eine Antwort, doch ich kann mich kaum darauf konzentrieren, was sie überhaupt erzählt. Größtenteils bin ich damit beschäftigt, die ganzen Sinneseindrücke zu ordnen, die in der leuchtenden Stadt auf mich einprasseln und jede einzelne Interaktion wird wieder zu einer Herausforderung.

Zurück am Auto, kann ich noch so weit denken, dass ich in diesem Zustand nicht fahren sollte, woraufhin ich Emilia schreibe. Mir ist nicht klar, woher diese Eingebung plötzlich kommt, aber ich bin in diesem Moment hundertprozentig davon überzeugt, dass ich sie brauche. Als Partnerin. Bisher war die Vorstellung ihr nahe zu kommen eher grotesk doch nun scheint es die Antwort auf Alles geworden zu sein. Zum Glück sind wir so eng miteinander, dass wir offen darüber reden können. Gleichzeitig stelle ich meine Gedanken aber schon selbst in Frage. Es kommt mir eher so vor, als ob irgendwas in mir krampfhaft einen Lösungsansatz für meine Situation konstruieren will. Nachdem wir fast eine Stunde hin und her schreiben, bin ich wieder etwas geordneter und traue mich heimzufahren.

Was auch immer mein Verstand an diesem Abend treibt, ist einfach nur erschreckend. Wenn ich nur für eine Sekunde nicht aufpasse, scheint es, als würde er sich jeden Moment hinausschleichen.

Als ich aus Berlin zurück bin, mache ich mir ernsthafte Gedanken darüber, inwieweit solche Hirngespinste ausarten können. Mitunter erhebe ich in meinen Überlegungen auch Vorwürfe gegen Mitmenschen, obwohl ich genau weiß, dass jene gar nicht die Intention hatten, die mein Verstand in ihr Verhalten hineininterpretieren will. Doch der Ärger darüber fühlt sich so echt an, dass ich ständig Streitereien vom Zaun brechen könnte. Manchmal sind diese Schübe stärker, dann wieder schwächer. Unter Leuten und ohne allzu große Reizüberflutung sind sie hingegen so gut wie nie da. Im letzten Schritt greife ich deswegen auf das zurück, was ich mir in den vergangenen zwei Jahren Stück für Stück zusammengesucht habe und frage meine Freunde, ob sie die restlichen Wochen mit mir verbringen können, damit ich mich nicht komplett verliere. Daryna und ihr Freund opfern sogar ihren ersten Jahrestag, damit ich nicht alleine bin. Alex kocht fast eine Woche lang für mich und bietet mir an, wann immer ich will, bei ihm zu schlafen. Fabian, den ich erst kürzlich kennen gelernt habe, spielt den ganzen Tag Videospiele mit mir und zwei weitere Freundinnen begleiten mich ins Fitnessstudio oder wir chatten die halbe Nacht durch.

Diese Zeit ist so anstrengend, ich würde mich auf der Stelle einweisen lassen, wenn ich nicht wüsste, dass ich sowieso bald in die Klinik darf. Doch auch in der letzten Oktoberwoche warte ich noch immer vergeblich. Und dabei hieß es nur *voraussichtlich* Oktober.

Nachdem sich unser Verhältnis über die letzten Wochen etwas normalisiert hat, statte ich Emilia wieder einen Besuch ab. Bei ihr hat sich das Blatt offenbar gewendet. Sie hat es in den vergangenen zwei Monaten irgendwie geschafft, zurück auf die Beine zu kommen und darauf stehen zu bleiben. Auch ihr Freund ist anwesend und an diesem Abend zeigt sich, dass die Beziehung erneut ins Rollen kommt. Inzwischen geht sie neben der Schule sogar arbeiten. Unvorstellbar, als wir uns vor genau einem Jahr das erste Mal getroffen haben. Da bei meiner Exfrau und Daryna auch alles passt, sind für mich nun alle Schäfchen im Trockenen.

Ausgerechnet am nächsten Morgen klingelt mein Handy. Die Klinik hat endlich ein freies Bett. Als ich aufgelegt habe, bin ich gleichermaßen so fertig und erleichtert, dass ich erst einmal zusammensacke und minutenlang schluchze. Ich war gewiss schon oft an meinen Grenzen, aber die letzten Wochen haben mir Einblick in Dinge gegeben, deren Fortsetzung ich ganz sicher nicht sehen will.

Aufwärts

Klinisch lebendig

Vor der Abfahrt packe ich alles zusammen, was mein Kleiderschrank hergibt. In einem Schreiben wurde mir zuvor mitgeteilt, dass der Aufenthalt mindestens sechs Wochen dauere. Da ich vormittags in der Anmeldung erscheinen soll und etwa vier Stunden Fahrtzeit einplanen muss, meine Einschlaffähigkeit aber unberechenbar ist, fahre ich schon am Abend zuvor los und nächtige die letzten Stunden an einem nahegelegenen Parkplatz auf dem Fahrersitz.

Als ich am Morgen die Klinik betrete, ist die Lobby voller Leute und Gepäck. Die Dame am Empfang sagt mir, ich solle mich von dem Krach nicht abschrecken lassen, normalerweise gehe es hier leiser zu. Nachdem ich mich angemeldet habe, werde ich herumgeführt und bekomme zum Ende des Rundgangs mein Zimmer gezeigt. Mal schauen, mit wem ich es diesmal teilen darf. Nach etwas Smalltalk stellt sich heraus, dass meine beiden Zimmergenossen schon einmal sympathisch sind. Im Speisesaal bekomme ich einen festen Platz zugeteilt. Die Räumlichkeiten wirken auf den ersten Blick ziemlich komfortabel, fast wie in einem Hotel, nur mit ein paar Einschränkungen.

Mittags steht die Vorstellung bei meinem zuständigen Therapeuten an. Auf dem Terminzettel steht, dass es eine Frau ist. Mit Frauen habe ich fast immer gute Erfahrungen gemacht, es könnte aber auch eine alte, knittrige sein, die seit 30 Jahren gelangweilt ihren Job ausübt. Als ich an die Tür ihres Sprechzimmers klopfe, höre ich noch jemanden telefonieren. „Einen Moment bitte", ruft eine junge Stimme. Okay, jung ist schon mal gut. Wenige Sekunden später darf ich hinein und werde freundlich begrüßt.

„Also dann, wer sind Sie?", fragt sie mich nach einer kurzen Vorstellung ihrerseits.

„Wer ich bin?"

„Ja, erzählen Sie doch mal was von sich."

Erneut beginne ich mit der alten Leier. „Hm, ja, das bin ich", sage ich zum Abschluss. Wir müssen irgendwie lachen. Danach reden wir über meine Therapieziele. Dabei rücke ich vor allem eine Besserung der Bauchschmerzen, Antriebs- und Schlaflosigkeit in den Mittelpunkt. Um Letzterem direkt entgegenzuwirken, einigen wir uns darauf, dass ich zum Einschlafen ein in Tropfen dosierbares, schlafanstoßendes Antidepressivum bekomme, das ich stufenweise absetzen kann, sobald ich keinen Bedarf mehr habe.

Bevor die Stunde zu Ende ist will ich aber wissen, woran ich hier bin und spiele darauf an, schon zu oft die Erfahrung gemacht zu haben, dass mir einige Ärzte und Therapeuten, denen ich auf meinem Weg begegnet bin, zu festgefahren waren und meine Ansichten direkt als aus ihrer Sicht unverständlich abtaten, anstatt zu hinterfragen, wie diese überhaupt entstanden sind.

„Wenn man jemanden wirklich verstehen will, muss man doch auch in Betracht ziehen, dass es Dinge gibt, die man selbst absolut nicht nachvollziehen kann, die für den anderen aufgrund seiner Erlebnisse aber dennoch Tatsache sind?" Nachdem ich die Frage gestellt habe, finde ich sie fast etwas provokant.

„Ja klar, muss man!", antwortet sie, als wäre das selbstverständlich. Nach der Sitzung verlasse ich das Zimmer mit einem guten Gefühl. Dann setze ich mich ins Auto und fahre die nächste Stadt an, um mir die Umgebung anzuschauen. Währenddessen lasse ich mir das Gespräch nochmals durch den Kopf gehen.

„Ja klar, muss man!" Die Antwort habe ich gebraucht. Vielleicht hätte jeder so auf diese Frage geantwortet, aber ich konnte ihr ansehen, dass sie es damit ernst meint. Viel zu oft habe ich versucht, irgendwem erklären zu wollen, was sich in mir abspielt und dann gemerkt, dass derjenige es nicht schafft, die Möglichkeit mit einzubeziehen, dass man in depressiven Phasen komplexere Gedankengänge hat, als man sich das mit unverzerrtem Blick im ersten Moment vorstellen konnte. Das hier könnte was werden, denke ich mir, aber das habe ich schon oft gedacht.

Beim Essen sehe ich erstmals meine fünf Tischnachbarn, es findet jedoch kaum eine Unterhaltung zwischen ihnen statt. Aus den einzelnen Wortfetzen kann ich dennoch herausnehmen, dass wohl alle mehr oder weniger Symptome haben, die mir geläufig sind, die Ursachen aber breiter gefächert sein müssen, als ich es erwartet hätte. Eigentlich habe ich große Hoffnung darauf gesetzt, hier jemandem zu begegnen, an dem ich direkt meine Verhaltensmuster beobachten kann, doch danach sieht es gerade nicht aus. Bei der großen Anzahl von Patienten, dürfte das jedoch nur eine Frage der Zeit sein.

Am zweiten Tag soll ich um sechs Uhr aufstehen, um eine Urinprobe abzugeben. „Mittelstrahlurin" steht auf dem beigefügten Zettel. Ich muss googeln um sicherzugehen, dass damit das gemeint ist, was ich darunter verstehe.

Als am nächsten Morgen um 5:45 Uhr der Wecker klingelt, gehe ich noch etwas benommen auf die Toilette. Erst nachdem ich mit dem Geschäft fertig bin, sehe ich den leeren Becher für die Urinabgabe auf dem Schrank stehen und mir fällt wieder ein, wieso ich mich überhaupt so früh aus dem Bett gequält habe. Selten zuvor habe ich mich dümmer gefühlt als in dieser Situation. Doch dann kommt mir eine Idee. Ich gehe ans Waschbecken, hänge meinen Kopf unter den Hahn und pumpe einige Sekunden Wasser in mich hinein. Es klappt, ich muss nochmal. Als ich fertig bin, ist gerade mal der Boden des kleinen Behälters bedeckt, aber das muss reichen. Zum Glück wollten sie keinen Anfangsstrahlurin, denke ich mir, als ich die Treppe hinuntergehe und dabei versuche meinen Becher hinterm Handgelenk zu verstecken. Es ist schon etwas peinlich, wenn man nicht mal ein Zehntel von diesem Teil vollbekommen hat.

Nachdem ich den Raum betreten habe, wo ich mein Werk zum Glück unbehelligt auf dem vorgesehenen Tablett abstellen kann, bin ich beeindruckt. Manche haben es geschafft, das Ding so volllaufen zu lassen, dass es für die Krankenschwester nahezu unmöglich sein wird, den leicht klemmenden Deckel zu entfernen, ohne etwas zu verschütten. Daraufhin stelle ich mein unscheinbares, fast leer wirkendes Behältnis daneben und bin stolz, dass ich ihr dieses Problem ersparen werde. Anschließend schleiche ich mich wieder hinaus und lege mich zurück ins Bett.

Gruppentherapie

Der Rest des Tages verläuft wesentlich unspektakulärer. Zwar weiß ich, dass man früher oder später einer Therapiegruppe zugeteilt wird, meine Zimmerkollegen haben mir aber bereits erzählt, dass es meistens zwei Wochen dauert, bis man daran teilnimmt.

Langsam wird mir klar, dass meine Vorstellung, hier anzukommen und direkt loszulegen, nicht ganz zutrifft. Neben zwei Einzeltherapiestunden pro Woche habe ich lediglich ein kurzes Sportprogramm, zu dem ich jeden zweiten Tag antreten muss. Ansonsten nichts.

Beim Essen kommt Hanna, ein Mädchen vom Nachbartisch, zu mir und fragt, ob ich auch zu den „jungen Depressiven" gehöre. Jung und depressiv. Das klingt wie ein verkorkstes Rap Album. Ich zucke mit den Schultern und sie erklärt mir, dass alle, die an meinem und ihrem Tisch säßen, gewöhnlich zu einer Therapiegruppe gehörten, an der die depressiven Patienten unter 30 Jahren teilnehmen würden.

Wenigstens kann ich mich darauf schon mal einstellen. Um die Zeit zu überbrücken, fahre ich an den darauf folgenden Tagen die größeren Städte in der Umgebung ab. Es dauert nicht lange, bis ich alle durch habe und es mir aufgrund mangelnder Ablenkung wieder dreckig geht. Einer der Jungs auf meinem Zimmer hatte mich kurz nach meiner Ankunft davor gewarnt, dass er die gleiche Erfahrung gemacht habe. Anfangs strandet man hier eher, vielleicht soll man das sogar.

Die Konversationen am Essenstisch sind noch immer Mangelware. Nach einer Woche kommt erstmals jemand Neues in unseren Kreis und bei ihr fällt es mir etwas leichter, ein Gespräch anzufangen. Ihr Name ist Luisa. Wir finden schnell heraus, dass wir uns in unserem Aufopferungsverhalten sehr ähnlich sind. Das schafft Gesprächsthemen und den Rest der Woche verbringen wir fast nur zu zweit, was sich auch positiv auf meine Stimmung auswirkt.

In der nächsten Einzelsitzung erzähle ich meiner Therapeutin von meinem unnatürlichen Körpergefühl, vor allem in den Händen. Eher unbewusst hatte ich sie in den letzten Monaten übertrieben gewaschen und versucht, die Berührung von Türklinken oder sonstigen hochfrequentierten Oberflächen zu vermeiden. Anfangs ist es mir kaum aufgefallen, aber in den depressiven Phasen ist mir mein ganzer Körper zweifelsohne immer fremder geworden. Als „Hausaufgabe" soll ich beim Spazieren deswegen alles anfassen, was mir in die Quere kommt, so wie kleine Kinder das machen. Nur eine Woche und drei weitere Therapiestunden später, kann ich bereits kleine positive Veränderungen an mir wahrnehmen.

Ab dem zweiten Wochenende darf man erstmals einen Tag „Urlaub" machen, also für eine Nacht außer Haus schlafen. Da Emilias Geburtstag ansteht und ich zuhause noch einige Dinge holen will, die ich in der Hektik und Vorfreude vergessen hatte, nehme ich die Möglichkeit wahr, beides miteinander zu verbinden. Als ich in der Stadt ankomme, stellt sich jedoch umgehend ein seltsames Gefühl ein. Es ist zwar schön meine Freunde zu sehen, aber ich bin erleichtert, dass ich am nächsten Tag zurück in die Klinik kann und beschließe, nicht mehr außerhalb zu schlafen, bevor ich keine nachhaltigen Verbesserungen bemerkt habe. Vor der Abfahrt gibt mir Emilia noch ein Bild von sich mit, das ich mir später ans Bett stelle, um meinen Bereich im Zimmer etwas wohnlicher zu gestalten.

In der darauffolgenden Woche bekomme ich endlich Termine in den verschiedenen Gruppen zugewiesen. Als erstes erhalte ich eine Einladung zum „Selbstsicherheitstraining". Davor hat es mir schon gegraut. Von meinem Zimmergenossen habe ich Geschichten darüber gehört, dass diese Gruppe in die Stadt fahre und Aufgaben bekomme, wie beispielsweise sich im Café zu einer fremden Person an den Tisch zu setzen und ein Gespräch zu beginnen. Des Weiteren hat mich meine Therapeutin für die „Kommunikative Bewegungstherapie" angemeldet. Irgendetwas mit Gymnastikbällen habe ich mir sagen lassen. Und wie es meine Tischnachbarin bereits vermutet hatte, gehöre ich von jetzt an zu den „jungen Depressiven".

Nun geht es los. Jede Gruppe besteht aus acht bis zehn Teilnehmern und wird jeweils von einem oder zwei Therapeuten betreut. Im Selbstsicherheitstraining lerne ich in erster Linie, meine alten, ungesunden Verhaltensweisen im Umgang mit anderen Menschen zu hinterfragen. Die Problematik daran wird uns aufgezeigt, indem wir bei Rollenspielen zu Themen wie „Nein sagen" oder „Forderungen stellen" mit einer Videokamera aufgenommen werden und uns danach anhand der Aufnahmen gegenseitig Feedback geben. Zusätzlich gibt es die gefürchteten Außentermine, in deren Vorfeld wir Aufgaben erhalten, welche wir dann in der Stadt abarbeiten müssen. Dabei gelten stets die gleichen Leitsätze: Dass man sich anderen Menschen zumuten soll, ihnen die Verantwortung lässt „nein" zu sagen und es sich selbst wert ist, neue, ungewohnte Verhaltensweisen auszuprobieren. Es dauert ein bisschen, bis ich begreife, wie wichtig es ist, darin wieder Routine zu entwickeln. Ausnahmslos jeder in der Gruppe scheint mehr oder weniger verlernt zu haben, sich selbst und die eigenen Bedürfnisse ernst zu nehmen.

In der Kommunikativen Bewegungstherapie lernen wir anhand von sinnbildlichen Bewegungen, die eigenen Grenzen zu erkennen und anderen welche zu setzen. Stets nach dem Motto: Grenzen setzen bringt Klarheit.

Unter den jungen Depressiven sprechen wir über unsere Befindlichkeit, sowie über Themen, die unsere Krankheit betreffen. In der Regel sind dabei meine Therapeutin, der Oberarzt und eine weitere Therapeutin anwesend. Außerdem wird einmal die Woche ein Gruppenausflug veranstaltet, bei dem es sich um eine Nachtwanderung oder einen Kinobesuch handeln kann.

In der zweiten Gesprächsrunde an der ich teilnehme, geht es direkt um das Thema Verlustangst. Verlustangst... ich hasse dieses Wort. Doch hier wollte ich die Dinge endlich anders angehen. Zum gefühlt hundertsten Mal leiere ich meine Geschichte herunter, erkläre Verlustangst diesmal aber zum Wort meines Lebens. Darüber hinaus versuche ich das System hinter der Freundschaft mit Emilia und den Zusammenhang zwischen beidem zu erklären.

Während dieser Gruppenstunde fällt mir jemand auf, den ich bisher nur nebenbei wahrgenommen hatte. Besser gesagt, fällt mir das Gefühl auf, dass sie in mir auslöst. Ihre Geschichte ist zwar etwas anders, doch die Verzweiflung zwischen den Zeilen und die Angst, die damit einhergeht, die sind mir nur zu vertraut.

Gemeinsamkeiten

Durch die Gruppentherapie lerne ich Luisa und Hanna besser kennen und wir gehen an den Abenden ab und zu etwas Trinken. Luisa und ich sind uns erschreckend ähnlich darin, nicht „nein" sagen zu können oder den eigenen Willen erst gar nicht durchsetzen zu wollen.

Während einer dieser Unternehmungen schnappe ich das Wort „Trigger" auf, womit ein bestimmter Auslöser gemeint ist. Hanna hatte mir bereits erzählt, dass sie aufgrund eines Traumas in der Klinik behandelt wird. Sobald unsere Gesprächsthemen zu große Ähnlichkeit mit dieser schlimmen Erinnerung haben, muss sie laut „Stopp!" sagen, andernfalls kann es passieren, dass sich die damalige Situation erneut in ihrem Kopf abspielt und dann eine Panikattacke auslöst.

Neben solchen Methoden eigneten sich Trauma-Patienten noch weitere Fertigkeiten an, um Anspannungszustände abzuwenden. Unter diesen „Skills" versteht man Handlungen, die die Aufmerksamkeit möglichst schnell auf einen anderen Reiz lenken sollen. Das kann zum Beispiel durch Beißen auf scharfe Chilis oder leicht schmerzhaftem Schnalzen eines Gummibands am Handgelenk funktionieren.

An diesen Abenden stelle ich regelmäßig fest, dass ich in meinen Überlegungen noch immer extrem auf Emilia fokussiert bin. Obwohl ich weiß, dass von ihr abzulassen der einzig richtige Weg ist, fällt es weiterhin enorm schwer, mich mit diesem Gedanken anzufreunden. Um in dem Punkt voranzuschreiten, lese ich mich wieder in das Thema Co-Abhängigkeit ein. Es hat meist eine wohltuende Wirkung, wenn ich sehe, dass andere vor dem gleichen Problem standen und es in den Griff bekamen.

Einige Tage später gehe ich mit Luisa spazieren. Dabei erzähle ich ihr, was ich zuletzt herausgefunden habe und wie es mir dabei helfen könnte, Emilia endlich loszulassen. Nach ein paar Schritten antwortet sie, ich solle nicht alles glauben, was in irgendwelchen Büchern stehe und dass das noch lange nicht zutreffen müsse.

Ich hasse es, wenn das passiert. Wenn ich mein Verhalten einmal in einem fremden Muster wiedererkennen kann und mir dann jemand einreden will, dass das Einbildung sei. Zu oft habe ich mich durch solche Aussagen dazu bringen lassen, meine ungesunden Verhaltensweisen nicht ernst zu nehmen und mich fortan auch nicht mehr getraut, überhaupt etwas an mir als ungewöhnlich zu betrachten.

Innerhalb von Sekunden verfalle ich in die alte Gewohnheit, Luisa gegenüber eine Mauer hochzuziehen und nichts mehr von ihr ernst nehmen zu können. Sobald das passiert, schmeiße ich aber meist alle in einen Topf und will außer Emilia niemanden mehr an mich heranlassen. Um dem diesmal rechtzeitig entgegenzuwirken, beschließe ich sofort jede Verbindung nach Hause zu kappen. Im Zuge dessen teile ich dort allen mit, dass ich vorerst meine Ruhe brauche, sperre meine Sim-Karte (eher unabsichtlich… da ich wieder drei Handys dabei hatte, bin ich durcheinander gekommen und habe den Pin zu oft falsch eingegeben) und lasse auch Emilias Bild im Schrank verschwinden. Ich muss hier um jeden Preis selbstständig werden!

Während der nächsten Einzeltherapiestunde greife ich die Situation mit Luisa auf und erkläre, dass mir die Angewohnheit zu Mauern schon des Öfteren an mir aufgefallen war, wenn ich die Ansicht von jemand anderem als zu stumpfsinnig erachtet hatte. Die Therapeutin ermutigt mich deswegen dazu, in Zukunft einmal gezielt nach anderen Gemeinsamkeiten Ausschau zu halten, auch wenn ich mit meinem Gegenüber nicht in jeder Hinsicht auf einen gemeinsamen Nenner kommen kann.

Danach sprechen wir über die Gruppenstunde, in der es um das Thema Verlustangst ging. Da es nicht normal sein kann, wie kalt mich meine Erlebnisse lassen, will ich schnellstmöglich etwas daran ändern. Noch finde ich aber keinerlei Zugriff auf die Gefühle, die eigentlich damit in Verbindung stehen sollten. Meine Therapeutin erklärt, dass das momentan noch ein Schutzmechanismus sein kann und der Zeitpunkt, an dem alles hochkommt, mich vielleicht auch überfordern wird.

In der Woche darauf scheine ich dem trotzdem endlich näher zu kommen. Als ich während der Bewegungstherapie sehen kann, wie schlecht es einem der anderen Patienten geht, zieht es mich nach langer Zeit wieder einmal richtig nach unten. Sein leerer, hoffnungsloser Ausdruck im Gesicht ist wie ein offenes Buch für mich. Selbst umgeben von Gleichgesinnten, irrt man dabei in seiner eigenen farblosen

Welt umher, den Blick stets Richtung Abgrund gerichtet und kein Wort und keine Geste von außerhalb könnte auch nur das Geringste daran verändern.

„Bleiben Sie in der Runde, schauen Sie in die Gesichter der anderen!", versucht der Therapeut uns ein Seil zu reichen. Für einen Moment hilft das, aber es ist so anstrengend, dass ich kurz darauf wieder loslasse.

Der Tag ist gelaufen. Beim Mittagessen bin ich noch immer bedrückt und stochere lustlos in meinem Teller herum. Am liebsten würde ich zu meiner Therapeutin rennen, doch ich habe erst am Tag darauf wieder einen Termin. Meine Tischnachbarn fragen mich mehrmals, ob alles in Ordnung sei, da ich bei den meisten aber weiß, dass ihre Problematik einen anderen Ursprung hat, nicke ich nur. Doch dann setzt sich Freya, das Mädchen dessen Geschichte mich in der Gruppenstunde so berührt hat, zu mir. Wir haben bereits vor ein paar Tagen miteinander geredet. Dabei erfuhr ich, dass sie erst kürzlich die Diagnose Borderline erhielt, obwohl sie die Symptome schon seit einigen Jahren gezeigt hatte.

Die Situation ist ein bisschen unangenehm, denn ich habe sie nach diesem ersten Gespräch immer wieder mit halb ironisch, halb ernst gemeinten dummen Sprüchen angebaggert. Eigentlich mache ich sowas nie. Ich weiß nicht, was mich geritten hat, bei ihr so anders aufzutreten. Und jetzt hat sie sich extra vom anderen Tisch zu mir gesetzt und will wissen, was mit mir los ist. Als ich versuche, es ihr zu erklären, hört sie aufmerksam zu.

Irgendetwas daran ist neu. Dass man mich fragt, wie es mir geht, war ja nichts Ungewöhnliches. Aber dass jemand aus freien Stücken auf mich zukommt, der meine ganze Geschichte kennt, sich davon aber nicht abschrecken lässt, sondern ehrlich an meinen Problemen interessiert ist, bis er alles verstanden hat, ist völlig ungewohnt.

Gegensätze

Als es mir in den Tagen darauf wieder besser geht, verabrede ich mich mit Freya mehrmals zum Tischtennis spielen. Die Platte zwischen uns wird dabei immer zu einem Schlachtfeld, auf dem unsere extremen Unterschiede aufeinander prallen. Wo mir die Energie fehlt, scheint sie viel zu viel zu haben. Ständig regt sie sich lautstark darüber auf, dass ich mich nur so wenig wie nötig bewege, um den Ball zu erreichen. Ich bin wiederum davon beeindruckt, wie wild sie herumfuchtelt und wie viel ihr daran liegt, besser zu sein.

In der Vergangenheit ließ ich Leute nicht nur meist gewinnen, ich gestaltete das Spiel oft sogar so, dass mein Gegenüber um jeden Preis Spaß daran hatte. Mir lag sowieso nichts daran und ich wusste, es würde demjenigen wenigstens ein bisschen Freude bereiten. Obwohl mir diese begeisterungsfähige Seite vor zu langer Zeit abhandengekommen war, lasse ich mich bei Freya hingegen davon anstecken, ebenfalls gewinnen zu wollen.

Währenddessen findet auch ständig ein verbaler Schlagabtausch statt, um das Verständnis des anderen auf die Probe zu stellen. Die Monate zuvor stand ich fast ausnahmslos bei jeder Person irgendwann vor dem Problem, dass meine depressiv geprägten Denkweisen sich von denen des anderen so weit entfernten, dass ich die Lust auf Gesellschaft mit der Zeit verlor. Trotz der Tatsache, dass wir nach außen der pure Kontrast sind, scheint mir Freya im Kern aber ziemlich ähnlich zu sein. In der Fülle, in der ich Leute in letzter Zeit idealisiert habe, tue ich aber gut daran, diesem Gefühl vorerst nicht allzu viel Gewicht zu geben.

Auf so engem Raum mit so viel Zeit, lernt man sich wesentlich schneller kennen, als wenn man sich im Alltag begegnen würde, wodurch ich mir schnell sicher bin, dass ich mehr von Freya will. Leider hat sie einen Freund. Dennoch beginne ich irgendwann davon zu schwärmen, wie unser gemeinsames Leben in Norwegen aussehen würde, wenn wir später einmal verheiratet sind. Sie lacht nur. Ich hingegen muss kurz innehalten. Habe ich gerade wirklich von Heiraten gesprochen? Von Zukunft? Von *Später*? Seit Jahren hatte ich es nicht mehr gewagt, mir so etwas überhaupt nur vorzustellen. Und nun erwische ich mich nach Ewigkeiten dabei, wie ich mir wieder Bilder mit Frau und Kindern in die Zukunft male.

„Traumwelt" sagt Freya dazu immer, und ich weiß, dass es eine ist. Doch das ist mir egal. Es genügt mir vollkommen, mich nach all der Zeit tatsächlich so für jemanden begeistern zu können, dass ich sogar nach vorne schauen will. Und das, obwohl sie nicht einmal ansatzweise mein Typ war. Vielmehr hatte es mir dieser gelangweilte, gleichgültige Blick angetan, wenn sie anderen beim Reden zuhörte. Ihre Augen wirkten manchmal so müde vom Leben, dass ich förmlich herauslesen konnte, was sie von klein auf alles gesehen haben muss. Und ihre Arme, übersät mit Narben, von denen jede einzelne die Verzweiflung widerspiegelte, die in ihr geherrscht hat.

Aber in ihr brannte noch etwas, das heißt sie hat nie aufgegeben, trotz aller Widrigkeiten. Nichts auf dieser Welt hat je attraktiver auf mich gewirkt als diese Standhaftigkeit.

Bald darauf gehen wir abends zusammen essen. Nach fast einem Jahr ohne jeglichen triebmotivierten Kontakt zum anderen Geschlecht ist das etwas Besonderes für mich.

„Das ist kein Date!!!", stellt sie immer wieder klar. Ich hingegen bin längst damit zufrieden, dass ich mit jemandem Zeit verbringen kann, den es nicht abschreckt, wenn ich das ausspreche, was ich aussprechen will und mich demaskieren darf, ohne dass mein Gegenüber damit überfordert ist.

Beim Essen klärt Freya mich darüber auf, dass ihr Freund und sie gerade eine Pause haben. Da sie schon seit längerem wieder auf die Beziehung hinarbeitet, steht für mich aber direkt außer Frage, in jeglicher Form dazwischen zu funken.

Während des Gesprächs kann ich auch mehrmals heraushören, dass sie wohl nicht besonders viel von ihrem Äußeren hält. Oder besser gesagt gar nichts. Ein Borderline-Betroffener aus der Klinik hatte mir bereits erklärt, sein Selbstbild sei dermaßen verzerrt, dass auch er es schlichtweg nicht glauben könne, wenn jemand Interesse an ihm bekunde. Und so sitzen Freya und ich uns stundenlang gegenüber, während ich mehr und mehr Gefallen an jemandem finde, der sich selbst offenbar noch nie gefallen konnte.

The hardest ones to love
are those that need it the most

Einer meiner Zimmerkollegen hatte mir zuletzt mehrmals von einem Borderliner im Haus erzählt, mit dessen Verhalten er nicht umgehen konnte. Er griff dabei stets den Vergleich mit Kindern auf, die ihre Grenzen nicht kennen würden. Anfangs ließ ich mich von seinen Erzählungen beeindrucken, ging dann aber zu meiner in den letzten Jahren angeeigneten, teils überheblichen Einstellung über, dass alles, was ich noch nicht selbst beobachtet hatte, erstmal nur Bullshit ist.

Die Borderline-Störung ist oft nicht eindeutig zu diagnostizieren und zu komplex, um etwas so einfach verallgemeinern zu können, dennoch gibt es Gemeinsamkeiten, von denen mir Betroffene öfter erzählt hatten. Das was ihnen immer wieder als „kindliches" Verhalten angelastet wird, lässt sich meist auf Erlebnisse aus ihrer Kindheit zurückführen, die sich nicht angemessen verarbeiten ließen und so bis ins Erwachsenenalter tagtäglich für Angst und Anspannung in ihnen sorgen. Wie jeder andere reagieren Borderliner unter übermäßigem Stress viel affektiver, ihre kritische Schwelle liegt aber bedeutend tiefer und wird somit wesentlich schneller erreicht, vor allem wenn die Betroffenen durch bestimmte Auslöser getriggert werden. Aufgrund des inneren Drucks ist der primäre Drang einem Reiz zu folgen oder die Grenze auszutesten manchmal so stark, dass die rationale Einschätzung dessen, was die Handlung nach sich ziehen wird, vorerst keine Rolle spielt oder gar nicht stattfindet. Nach den Erfahrungen der letzten Monate konnte ich dieses vernunftwidrige Handeln sogar teilweise nachvollziehen. Viel zu oft war ich an den Punkt geraten, wo mir die Konsequenzen völlig egal wurden, solange ich nur für ein paar Sekunden Ablenkung von meinen Problemen hatte. Wie anstrengend muss es dann erst sein, diese Anspannung den ganzen Tag auszuhalten?

Davon abgesehen, neigen Borderliner auch zu einem ausgeprägten Schwarz-Weiß-Denken. Ohne es selbst zu merken, teilen sie oft alles nur in „Gut" oder „Schlecht" ein und übersehen dabei jegliche Nuancen dazwischen. Dadurch ist es für sie auch viel schwieriger, ein konstantes Bild ihrer zwischenmenschlichen Bindungen aufrecht zu erhalten und selbst in Beziehungen schwanken sie so ständig zwischen dem Gefühl, dass alles passt, oder eben gar nichts.

Freya erzählt mir, dass Letzteres ein größeres Problem bei ihr darstelle und da wir an diesem Abend über alles reden, lässt sie auch durchblicken, dass sie sich irgendwie zu mir hingezogen fühle und nun unbedingt lernen müsse, dagegen anzukämpfen. Sie weiß, dass ich es aufgrund meiner altruistischen Ketten nicht so einfach ausnutzen kann.

Als wir nach dem Essen zurück in der Klinik sind, begleite ich sie auf ihr Zimmer und wir unterhalten uns noch ein wenig. Am Wochenende herrscht ab 24 Uhr Nachtruhe. Kurz vor Mitternacht begebe ich mich Richtung Tür und Freya folgt mir, um sie hinter mir zu schließen. In dem Augenblick packt mich der Reiz. Ich bleibe stehen, drehe mich um und wir stehen Nasenspitze an Nasenspitze voreinander. Keiner bewegt sich. Völlige Selbstbeherrschung gegen mangelnde Impulskontrolle. Allerdings kann ich ihr ansehen, dass sie einen richtigen Kampf mit sich selbst führen muss, um nichts zu machen, was sie später bereuen könnte. Dagegen stehe ich nur still da und versuche mich zu ordnen. Seit Monaten war ich niemandem so nahe gekommen. Vielleicht weiche ich auch deswegen einen Schritt zurück. Daraufhin fängt sie sich, schaut mich verlegen an und bittet mich zu gehen.

Nachdem die Tür zugefallen ist, meldet sich plötzlich mein Gewissen und schreit so laut es kann in meinen Gedanken herum. Seit Jahren widerstrebte es mir, etwas zu tun, was für jemand anderen einen Nachteil bedeutete, außer es galt einem höheren Gut, und nun hätte ich meine Prinzipien fast aus Eigensinnigkeit gebrochen.

Freya war selbst in einem Prozess, in dem alles in ihr durcheinander war. Dass plötzlich jemand wie ich auftauchte, der die Problematik einigermaßen verstand und augenscheinlich damit umgehen konnte und wollte, musste sie verwirren. Sie war seit Monaten damit beschäftigt, ihre Krankheit so zu behandeln, dass sie wieder „gesellschaftsfähig" wird und nun gab es volle Akzeptanz für genau das, was sie ist. Dennoch durfte ich in diesem Moment der Gesundung nicht dazwischen funken. Zumindest rede ich mir das fleißig ein, um mich aus der Pflicht zu nehmen, das zu tun, wonach mir eigentlich ist.

Tags darauf bin ich mir unsicher, wie ich Freya nun gegenübertreten soll. Als wir uns vormittags auf dem Flur begegnen, wirkt sie etwas distanziert, davon abgesehen verhält sie sich aber wie immer. Bei einer Tasse Tee reden wir über den Vortag und kommen zu dem Entschluss, dass wir dieses Thema in unseren Einzeltherapiestunden ansprechen sollten.

Ausgerechnet am darauf folgenden Morgen haben wir beide zur gleichen Zeit einen Termin und die Sprechzimmer unserer Therapeuten liegen direkt nebeneinander. Im Bewusstsein darüber, dass wir uns danach mit einem neuen Schlachtplan begegnen werden, sitzen wir vor den Türen und schauen uns herausfordernd an, bis wir jeweils hineingerufen werden.

Als ich meiner Therapeutin meinen Standpunkt erkläre, macht sie mir deutlich, dass ich endlich damit aufhören muss, ständig die Verantwortung des anderen übernehmen zu wollen. Vielmehr sollte ich wieder lernen, das zu tun, was mir gut tut und versuchen das Gefühl auszuhalten, dass es jemand anderem auch mal schlecht gehen kann, wenn er selbst nicht die Grenzen steckt. Wie soll der andere denn je lernen, mit seinen Problemen umzugehen, wenn ich das jedes Mal für ihn übernehme? Anfangs fällt es überaus schwer, von meinen eingefahrenen Denkweisen auch nur ein Stück abzulassen, doch die Einwände waren durchaus einleuchtend.

Etwas später treffe ich Freya wieder in der Cafeteria der Klinik. Wir erzählen uns von den Gesprächen unserer Einzeltherapie, jedoch stets mit der Vorsicht, bloß nicht zu viel preiszugeben.

Am Abend gehen wir spazieren. Es ist eiskalt und der Himmel sternenklar. Als wir loslaufen behauptet Freya, es würde schon nichts passieren. Ihr Therapeut habe ihr Tipps gegeben, wie sie sich beherrschen könne. Derweil bin ich bereits damit beschäftigt mein Gewissen auszuschalten. Wir reden über die Kälte, den Himmel, verschiedene Sternbilder. Nach einigen hundert Metern wage ich es einfach. Zügig mache ich zwei Schritte auf sie zu, halte sie fest und küsse sie.

Ich kann mich nicht daran erinnern, dass mir der Begriff Leidenschaft vor dieser Situation je wirklich etwas gesagt hätte, nun bekam seine Existenz in meinem Wortschatz aber endlich seine Berechtigung. Es war nicht allzu lange, aber es war anders als alles, was ich trotz meiner vorherigen Beziehungen bisher kannte. Bevor es ausarten kann, springt jedoch wieder mein Gewissen an und ich gehe ein Stück zurück.

„Stopp jetzt!", schnaubt sie, als sie sich zu sammeln versucht. Dabei kann ich regelrecht spüren, was sie für eine Wut auf sich selbst hat. Darüber, dass sie es schlichtweg nicht auf die Reihe bekam, sich in solchen Situationen zu beherrschen. Sie hasste es generell, nicht normal zu sein, sich nicht im Griff zu haben und nun habe ich ihr erneut einen Grund gegeben, damit weiterzumachen.

Angestrengt versuche ich an das Gespräch mit meiner Therapeutin zu denken und das Gefühl auszuhalten. Anfangs ist das richtig schwer, dann kriege ich aber die Kurve und nach ein paar Minuten geht es tatsächlich etwas besser. Dabei bekomme ich auch wieder eine vage Vorstellung davon, was es bedeutet, etwas zu *wollen*.

Wie zwei Kinder trotten Freya und ich zurück zur Klinik. Das eine keine Ahnung von Leidenschaft, das andere nicht in der Lage, damit aufzuhören, den Finger in die Flamme zu halten, nur um zu testen, ob man sich daran verbrennt. Irgendwann lachen wir wieder über uns selbst. Eines kann ich mir aber nicht verkneifen:

„1:0 für meine Therapeutin…"

„Halt´s Maul!"

Kraftausdruck

Da es für mich auf Dauer nicht interessant ist, wenn Freya mich nur an sich heran lassen würde, weil sie sich selbst nicht im Griff hat, will ich sie lieber unterstützen und setze mich in den Tagen darauf intensiv mit dem Thema Borderline auseinander. Außerdem ist sexueller Kontakt unter den Patienten ohnehin verboten. „Hat sich als nicht förderlich erwiesen", lautet die offizielle Begründung in der Hausordnung.

Freyas Anwesenheit schafft es bald, meinen Fokus auf Emilia abzuschwächen, ich muss jedoch darauf achten, nicht in mein altes Muster zu verfallen und die beiden nur füreinander auszutauschen. In Diskussionsrunden habe ich schon bemerkt, dass ich mir trotz ihres unverbesserlichen Dickkopfs äußerst schwer tue, nicht ständig Partei für sie zu ergreifen. Es ist ein wenig verwunderlich, dass dieses ausgeklügelte System, das seit jeher hinter meinen engeren zwischenmenschlichen Beziehungen stand und dabei stets auf Sicherheit bedacht war, sich von jemandem ablenken ließ, der unberechenbar sein musste. In Anbetracht ihrer Diagnose scheint sich Freya jedoch überdurchschnittlich gut im Griff zu haben. Sie hat mir aber auch erzählt, dass sie in den letzten Monaten bereits einige Fortschritte gemacht hätte, vor allem was selbstverletzendes Verhalten angeht.

Der Umgang mit diesem Thema ist unter den Betroffenen sehr unterschiedlich. Während sich manche Patienten durch Sarkasmus eine gewisse Distanz dazu schaffen, können andere nicht verstehen, wie man mit dem Thema jegliche Form von Humor in Verbindung bringen kann. Mehrmals prallen diese zwei Gegensätze aufeinander, bis es kommt, wie es kommen muss. Während eines Spieleabends weisen wir einen jüngeren Patienten, der nach eigenen Aussagen kein selbstverletzendes Verhalten zeigt, darauf hin, dass es sich um eine gruppeninterne Aktivität handele, er jedoch eine halbe Stunde später dazu stoßen könne. Daraufhin verlässt er den Raum und sagt spaßeshalber, er gehe sich so lange *Ritzen*.

Im Selbstsicherheitstraining hatte ich gerade gelernt, meinem Ärger wieder anständig Luft zu machen, doch der Ärger, der in mir herrscht, als ich diesen Kommentar höre und Freyas vernarbte Arme neben mir sehe, bringt mich eher zum Ausrasten. In der Folge versuche ich mich mit Kraftausdrücken abzureagieren, aber so einfach wie früher klappt das nicht mehr. Um nicht in die Luft zu gehen, gehe ich an die Luft.

Freya kommt kurze Zeit später nach. In meinen Gedanken überwerfen sich meine alten und neuen Verhaltensweisen und ich kann mich für keine entscheiden. Beruhigen oder ausrasten. Der Typ war in der Vergangenheit bereits des Öfteren mit unangebrachten Kommentaren über Themen aufgefallen, die man in einer Klinik mit Trauma-Patienten in jedem Fall vermeiden sollte und eine behutsame Konfrontation wäre nicht unangebracht gewesen. *Behutsam* war in meinem Repertoire gerade aber nicht verfügbar.

Auf dem Flur kommt Freya und mir ein anderer Junge aus unserer Gruppe entgegen und verteidigt die lockere Umgangsweise mit dem Thema, da er selbst betroffen ist und so entbrennt eine weitere Diskussion. Gerade als er sich wieder von uns abwendet, beginnt bei Freya eine Reaktion, von der sie mir ein paar Tage zuvor erzählt hatte. Plötzlich wirkt sie extrem angestrengt und sagt, sie glaube, dass sie sich nicht mehr abregen könne.

Borderline wird oft als Stressverarbeitungsstörung beschrieben. Die damit einhergehende Anspannung wird manchmal so schlimm, dass sich die Betroffenen nicht anders zu helfen wissen, als sich durch Selbstverletzung einen anderen starken Reiz zu liefern und auf diese Weise Druck abzulassen. Auch sie bekamen in der Klinik Skills gezeigt, mit denen sie versuchen sollten, die innere Unruhe vorher zu reduzieren, indem sie den Fokus zügig auf eine andere Empfindung umlenken.

Auf Freyas Skill-Liste steht neben „auf eine Chili beißen", „laut schreien" oder „Ammoniak einatmen" auch die Möglichkeit, sich mit einem Eisbeutel auf der Haut abzulenken, welchen sie sich umgehend in der Medizinischen Zentrale der Klinik besorgt. Als sie ihn auf ihren Arm legt, kann sie den Temperaturunterschied aber bereits nicht mehr spüren. Wenn Menschen davon redeten, sie seien auf 180, dann musste Freyas Körper gerade auf 360 sein. Es scheint sie unendlich viel Kraft zu kosten, nicht die Beherrschung zu verlieren.

Von anderen Borderlinern weiß ich, dass es in dieser Situation manchmal das Beste ist, sie eine Zeit lang in Ruhe zu lassen. Und ich weiß, ich neige dazu, es mit meiner Fürsorglichkeit manchmal zu übertreiben. Erneut kann ich mich nicht zwischen altem und neuem Muster entscheiden. „Abgrenzen, rational bleiben", geht mir die ganze Zeit durch den Kopf. Letzten Endes entscheide ich mich dafür, mit ihr aufs Zimmer zu gehen und sie eine Weile zu halten, während sie verkrampft und zitternd im Bett kauert.

Nach einigen Minuten beruhigt sich ihr Körper wieder und sie nimmt den Eisbeutel vom Arm. Die Haut darunter ist zu einer festen Platte geworden, wie die Oberfläche einer angefrorenen Pfütze, doch Freya kann es weiterhin nicht spüren. Erschöpft schaut sie mich an: „Siehst du wie anstrengend das mit mir ist, mit so jemandem kann man doch nicht zusammen sein wollen...", sagt sie, als sie den Beutel zusammenlegt.

Hinsichtlich meines kaputten Magen-Darm-Traktes und der stetigen Unsicherheit ist es wahrlich naheliegend, dass ich eventuell darauf achten sollte, mögliche Stressfaktoren in meiner Zukunftsplanung so klein wie möglich zu halten. Vor wenigen Jahren schien mir meine Frau aber einmal die Woche in den Armen wegzusterben und das war damals eine ganz andere Qualität.

„Doch, ich will dich wie du bist", antworte ich überzeugt, wohlwissend, dass ich an meinem Umgang mit solchen Situationen noch feilen darf.

Platz für Schweres II

Am Tag darauf berichte ich meiner Therapeutin von dem Chaos, das in meinem Kopf herrschte, als ich eine Wahl zwischen Ruhigbleiben und Explodieren treffen wollte. Sie macht mir daraufhin etwas Wichtiges deutlich. Die Entscheidung, die ich in solchen Momenten fällen würde, sei nach Abwägung der Sachlage für mich schon die Richtige. Viel bedeutender wäre, dass ich inzwischen erkenne, dass mir mehrere Handlungsmöglichkeiten zur Auswahl stehen, anstatt wie früher nur stur in eine Richtung zu denken.

Diese Angst „bloß nicht das Falsche zu machen" hatte in der Vergangenheit nicht selten dazu geführt, dass ich vor lauter Abwägung letztendlich vor noch viel größeren Problemen stand. Allein die Angewohnheit, sich immer auf alles vorbereiten zu wollen, um so den unangenehmen Konsequenzen aus dem Weg zu gehen, hat mich letztendlich kränker gemacht, als jedes Unheil, vor dem ich mich schützen wollte, das je gekonnt hätte. Anstatt also stets abzuwarten, bis ich mir endlich sicher bin, was nun die „beste" oder „richtige" Entscheidung zu sein scheint, will ich von nun an versuchen, darauf zu vertrauen, dass ich mit jedem möglichen Umstand, so schlimm er im ersten Moment auch sein mag, einen entsprechenden Umgang erlernen kann.

Anfangs bin ich nach jeder Sitzung beeindruckt, mit was für einem Tunnelblick ich das Sprechzimmer betreten habe, und mit welch einem Durchblick ich es verlasse. Aber noch mehr davon, dass unsere Therapeuten auf jede Situation eine annehmbare, durchdachte Antwort liefern können. Auch, dass sie sich nie aus der Ruhe bringen lassen, egal wie „unreif" wir uns in der Gruppe auch benehmen, ist bemerkenswert. Es interessiert sie scheinbar nur, was hinter unserem Verhalten steckt, sie haben dabei aber noch nie unsere Handlungen an sich be- oder verurteilt.

Meine Teilnahme an den verschiedenen Gruppentherapien trägt mittlerweile Früchte. Im Selbstsicherheitstraining habe ich gelernt, meinen Standpunkt in Diskussionen besser behaupten zu können, bin dabei mitunter aber auch übers Ziel hinausgeschossen. Die überwiegend positive Entwicklung wird davon ergänzt, dass ich mit Hilfe der kommunikativen Bewegungstherapie langsam begreife, wo meine Grenzen sind und wie ich sie setzen kann. In der Einzeltherapie konzentriere ich mich weiter auf die Verarbeitung der Vergangenheit. Noch weiß ich nicht genau, was ich unter *verarbeitet* überhaupt verstehen soll. Luisa meint, bei ihr kam irgendwann der Moment, von dem an sie ohne Wut auf das Geschehene zurückblicken konnte und nicht mehr das Gefühl hatte, darüber reden zu müssen. Zwar kann ich nicht einmal konkret sagen, was mich beschäftigt, dennoch spüre ich, dass etwas in mir keine Ruhe findet.

    In der folgenden Woche fokussiere ich mich deswegen Tag und Nacht darauf, mir die alten Erinnerungen ins Bewusstsein zu rufen und suche dabei gezielt nach einem wunden Punkt. Unter anderem löst es noch immer seltsame Gefühle in mir aus, wenn andere stolz von ihren Babys erzählen. Nachdem ich mich einige Zeit auf solche Gedanken konzentriert habe, kommen auch viele Erinnerungen zurück, die zwischenzeitlich untergegangen waren. Dennoch schaffe ich es nicht ansatzweise, ein Gefühl damit in Verbindung zu bringen.

Zu dieser Zeit liege ich meist nur in meinem Bett und höre Musik. Während ich mir wieder und wieder die alten Bilder durch den Kopf gehen lasse, bemerke ich bei einem Lied, welches ich schon unzählige Male gehört habe, dass ich aufgrund der Fokussierung Instrumente wahrnehme, denen ich zuvor nie Beachtung geschenkt hatte. Es ist erstaunlich, was man alles überhören und -sehen kann, wenn man Dinge gar nicht so deutlich wahrnehmen will. Ähnlich geht es mir mit der Vergangenheit, die ich eigentlich immer nur leicht ankratze. Vielleicht war es gerade das Weglassen der Details, was die ganzen Erlebnisse über die Jahre einerseits erträglich machte, mir nun andererseits aber auch den Zugriff darauf verwehrt.

Infolgedessen versuche ich es anders. Nun lasse ich mir weniger die Masse, sondern die ganzen Feinheiten aus der Zeit um die Beerdigung unseres Kindes durch den Kopf gehen, jede einzelne Kleinigkeit. Kurz darauf beginnt es tatsächlich auf eine ganz andere Art in mir zu arbeiten. In immer größer werdenden Wellen bricht die ganze Tragik der damaligen Situation über mich herein, mitsamt all der Machtlosigkeit und dem unerträglichen Gefühl, so nah am größten Glück der Welt vorbeigeschrammt und im tiefsten Loch gelandet zu sein. Mein ganzer Körper wird plötzlich von kaum definierbaren Empfindungen durchströmt und ich muss bis in die Nacht immer wieder ins Kissen schreien.

Als ich am nächsten Tag meiner Therapeutin davon erzählen will, fällt es mir hingegen wieder schwer, alles herauszulassen. Daraufhin erkläre ich ihr, oft zu bemerken, dass es die Leute überfordert, wenn ich zu ausführlich über dieses Thema rede. Auch wenn sie es dann nicht zugeben, wissen sie meistens nicht, wie sie damit umgehen sollen und entgegnen mir mit gut gemeinten, aber nutzlosen, rationalen Aussagen, woraufhin ich alles wieder so tief wie möglich vergrabe.

Die Therapeutin macht mir mit ruhiger Stimme deutlich, dass das diesmal nicht passieren würde. Erst zögere ich noch einen Moment, doch dann kann ich der Vergangenheit endlich den Platz geben, den sie seit einer gefühlten Ewigkeit braucht.

Wunden

Freya und ich treffen uns täglich zu einer Tasse Tee, um die Erkenntnisse unserer Einzel- und Gruppentherapien zu besprechen. Wenn der eine ein Brett vor dem Kopf hat, nimmt der andere es ihm ab. Immer wieder versuchen wir uns gegenseitig aufzuzeigen, dass es die kleinen Fortschritte waren, auf die es ankam und dass jede noch so kleine überwundene Hürde Achtung verdient hat. „Man stolpert ja auch nicht über die Alpen, sondern über die kleinen Steinchen", hatte der Oberarzt unserer Station einmal gesagt und es war unwahrscheinlich wichtig, das im Hinterkopf zu behalten.

Die Depression schafft es regelmäßig, mir auch bei voller Fahrt den Wind aus den Segeln zu nehmen Es entstehen Befürchtungen, dass ich noch nichts erreicht hätte, nicht schnell genug vorankäme oder in die falsche Richtung arbeiten würde. Und obwohl es absolut nicht den Anschein macht, habe ich vor jeder Sitzung aufs Neue eine unglaubliche Angst davor, dass meine Therapeutin mich dieses Mal nicht mehr verstehen könnte. Wohl einfach nur, weil ich diese Erfahrung in der Vergangenheit zu oft gemacht hatte und mich im Umkehrschluss direkt vor allem verschloss.

Wahrscheinlich will ich aus dem gleichen Grund auch privat niemanden mehr an mich heranlassen, der nicht den Anschein macht, er wüsste genau, wovon ich rede. Meine Therapeutin ist der Meinung, dass das Fettnäpfchen zu groß sei, in das man bei mir hineintreten könne. Allein die Befürchtung, dass jemand etwas sage, wodurch ich mich unverstanden fühle, lasse mich von vorneherein alles abblocken. Bisher hatte ich es auf die Blödheit und Rücksichtslosigkeit anderer geschoben, aber ich stimme ihrer These nach und nach zu.

Die „Unsicherheit" wird allmählich zum zentralen Thema meiner Therapie. Um ihr die Wirkung zu nehmen, muss ich anfangen, ihren Hintergrund zu verstehen und sie zu akzeptieren. Die Therapeutin erklärt mir, dass die Angewohnheit, ständig Halt bei anderen zu suchen, ein Anpassungsverhalten sein kann, das man als Kind lernt, wenn zum Beispiel plötzlich eine Bezugsperson verschwindet. Zwar weiß ich solche Dinge schon aus meinen Büchern, doch nur die Theorie brachte mich damals nicht weiter. Auch deswegen will ich in der Aufarbeitung von altem Ballast voranschreiten.

Erst nachdem wir es in mehreren Sitzungen thematisiert haben, beginne ich zu verstehen, wie schwer der Verlust eines Elternteils in der Kindheit tatsächlich wiegt. Noch kaum in der Lage selbstständig zu überleben, kann es nur erschütternd sein, plötzlich zu merken, dass die Hälfte des Fundaments, von dem die eigene Existenz abhängig ist, von ein auf den anderen Tag wegbricht. Da ich viele andere Kinder kannte, die ebenfalls ohne Vater aufwuchsen bzw. Geschwister von FA-Patienten sah, die offensichtlich zurechtkamen, hatte ich es mir bisher nie zugestanden, dass das der Grund für diese immer während Angst in mir sein könnte. Langsam verstehe ich aber, dass ich es schlimm finden darf, vielleicht sogar schlimm finden muss, von klein auf mit solchen Erfahrungen konfrontiert gewesen zu sein.

Obwohl ich stets das Gefühl hatte, mich in der Vergangenheit genug damit auseinander gesetzt zu haben, nehme ich während der Gespräche erneut seltsame Temperaturwechsel in meinem Körper wahr und manchmal habe ich leichte Aussetzer, als würde sich in meinem Kopf gerade etwas aufräumen. Je klarer das Bild aber wird, desto leichter fällt es mir, mich selbst davon zu überzeugen, dass es nicht meine Schuld war, dass ich hier gelandet bin. Dass ich kein Stück schlechter bin als alle anderen in meinem Alter, die gerade schon ihr Studium beenden, in ihrer Arbeit aufgehen oder auf sonstige Weise fest im Leben zu stehen scheinen. Es war nun mal diese Wunde, die von Anfang an da war und sie hatte mich daran gehindert, Schritt halten zu können.

Unterdessen bekomme ich eine weitere Hausaufgabe. Nachdem ich erzähle, was sie sich alles geleistet hat, wen sie aus meiner Familie beleidigte und was das damals mit mir gemacht hat, muss ich einen Brief an die Mutter meiner Exfrau schreiben. Dieser wird zwar nicht abgeschickt, die Auseinandersetzung mit dem Thema soll aber dennoch dabei helfen, den Ärger darüber irgendwann hinter sich zu lassen. Die Therapeutin und ich werden ihn später zusammen durchgehen und ich soll dabei alle Wörter benutzen, die ich benutzen will.

Auch wenn ich anfangs versuche mich zurückzuhalten, ist das Schriftstück bereits nach wenigen Zeilen nicht mehr ganz jugendfrei. Zwischendurch beschäftigt mich immer wieder der Gedanke, dass meine ehemalige Schwiegermutter letztendlich auch nur von ihren Erfahrungen und Problemen geprägt wurde, vielleicht nur zu oft „Stell dich nicht so an!" gehört hatte und nie ein vernünftiges Ventil fand. Für manche Dinge gibt es dennoch keine Entschuldigung. Die Verantwortung, was man an Leuten auslässt, die mit der eigenen Misere nichts zu tun haben, hat man immer noch selbst. Als ich fertig bin und mir den Brief nochmals durchlese, wird mir aber etwas ganz anderes bewusst: Wenn man mich jemals mit einer dieser berüchtigten Schwiegermutter-Stories beeindrucken will, muss derjenige sich wirklich einiges einfallen lassen.

Pflaster

Der Therapeut aus der Kommunikativen Bewegungstherapie hat uns vor Kurzem dazu ermutigt, ein „Posi-
tiv-Tagebuch" zu führen. Darin soll man bewusst die
kleinen schönen Dinge festhalten, die sonst in der
Hektik des Alltags untergehen und deswegen kaum
im Gedächtnis bleiben. Freya und ich machen ein
Ritual daraus, uns die entsprechenden Ereignisse vor
dem Schlafengehen gegenseitig per SMS zu schicken.
Dabei kann es sich um den Genuss von etwas Süßem
handeln, wenn man beim Spazieren die Wärme der
Sonne wahrgenommen hat, ein gutes Gespräch, aber
auch jeden kleinen Fortschritt, was die eigenen Verhaltensmuster angeht.

Dazu zähle ich unter anderem, dass ich langsam
wieder Türklinken anfassen kann, ohne sofort darauf
ans Waschbecken rennen zu müssen, wodurch ich
nach und nach ein ausgeprägteres Gefühl in den Händen zurückerlange. Um weiter daran zu arbeiten,
bieten sich der Gestaltungsraum und die Möglichkeit
zum Töpfern an. Handarbeit war zwar noch nie mein
Ding, doch Freya hat Lust etwas zu malen und ich
will Zeit mit ihr verbringen, also begleite ich sie. Als
ich den Tisch vorbereite und mir eine würfelförmige
Masse Ton aus der Packung nehme, sucht Freya sich
auf der anderen Seite des Raumes ihre Utensilien
zusammen. Sie malt mehrere Bilder in kraftvollen
Farben, ich probiere andauernd neue Formen aus und
überlege angestrengt, was ich modellieren soll.

Nach einer Stunde ist Freyas Kreativität ausgeschöpft. Sie hängt ihr Bild zum Trocknen auf und wirft mir einen Blick herüber. Dabei sieht sie, wie ich den gleichen Würfel Ton, den ich ursprünglich aus der Packung genommen hatte, zum 20. Mal platt schlage. Zwischendurch war er abwechselnd eine Pyramide, eine Kugel oder eine flache Scheibe, auf der ich wild herum klopfte. Freya schaut mich mit ihrem gelangweilten, gleichgültigen Blick an, seufzt in Anbetracht meiner Unfähigkeit und spült dann die Pinsel aus. Im Zuge dessen forme ich abermals einen Würfel, klebe ihn wieder an die große Tonmasse in der Packung und wir verlassen den Gestaltungsraum. Positivtagebucheintrag: Spaß beim Töpfern gehabt.

Im Laufe des Klinikaufenthalts erkenne ich langsam, wie viele meiner Laster eigentlich nur affektive Reaktionen sind, mit denen ich mich lediglich von meinen Sorgen ablenken will. Dank der Erkenntnisse aus der Einzeltherapie, kann ich mir außerdem immer besser verzeihen, was ich in den letzten Jahren alles ausprobiert hatte, um dem Alltag entrinnen zu können. Jede Schwäche, jede einzelne kleine Sucht diente nur dem Zweck, sich einen kurzfristigen angenehmen Reiz zu schaffen, um für einen Moment alles andere vergessen zu dürfen. Je extremer die Lage wurde, wie zum Beispiel in meiner Ehe, desto weniger konnte ich widerstehen. Es ging dabei nie um Drogen oder Alkohol, aber angefangen bei der Zuneigung, die ich mir durch die Selbstaufgabe in meinen Freundschaften regelrecht erzwang, über die Vorliebe in überschau- und kontrollierbare virtuelle Welten von Videospielen zu versinken, bis zu leichten Fress- bzw. Kaufsüchten, fand ich viele andere Wege, das Leben künstlich lebenswert zu machen. Aufgrund letzterem hatte ich zwischenzeitlich sogar acht gleichzeitig laufende Handyverträge. Das spricht eigentlich für meine Bonität.

Zu Beginn meines Aufenthalts habe ich wöchentlich noch mindestens ein Kilo Schokolade vertilgt. Wenn ich morgens eine aufwühlende Therapiestunde hatte und dann den ganzen Tag über keine Beschäftigung fand, brannte irgendwann der Schädel. Stundenlang die gleichen Gedanken, hoch und runter, alte Strukturen fallen ein, neue entstehen. Um mich abzulenken, ging ich meist spazieren, führte in der Cafeteria Gespräche oder trieb Sport. Früher oder später waren jedoch alle Möglichkeiten ausgeschöpft oder ich hatte einfach keine Lust mehr darauf. Zu guter Letzt begab ich mich meist in einen Laden im Ort und gab mir mit ausreichend Brezeln und mindestens einer Tafel Schokolade den Gnadenstoß. Auch wenn meine Magen-Darm-Probleme durch die Fortschritte langsam nachließen, wurde mein Körper noch immer schwach und schlapp, wenn ich ihn mit so viel Ungesundem bombardierte. Und wenn er schwach wurde und die Bauchschmerzen kamen, hatte ich wenigstens von den anderen Qualen kurzzeitig meine Ruhe. Anfangs habe ich mich noch täglich über meine Undiszipliniertheit aufgeregt, doch inzwischen verstand ich, dass man so einen Teufelskreis nicht von heute auf morgen durchbrechen kann, gestattete mir meine Schwächen für die nervenaufreibende Zeit und versuchte, mich in kleinen Schritten zu entwöhnen.

Neue Verhaltensweisen auszuprobieren war ebenfalls wesentlich anstrengender, als ich mir das im Vorfeld ausgemalt hatte. Das wird vor allem bei den beiden Außenterminen des Selbstsicherheitstrainings, kurz SST, deutlich. Wir fahren dafür gemeinsam in die nächste Stadt. Jeder Gruppenteilnehmer hat drei Übungen, die im Vorfeld ausgesucht wurden und nun möglichst erfolgreich abgearbeitet werden sollen. Wieder gilt die Devise, dass man sich selbst ernst nehmen und anderen Menschen zumuten soll. Die Aufgaben reichen deswegen von „Jemanden darum bitten, den Busfahrplan vorzulesen", bis zur gefürchteten Herausforderung „An einen fremden Tisch setzen und zehn Minuten ein Gespräch führen". Letzteres ist mir noch zu anspruchsvoll, deswegen gehe ich den Mittelweg und entscheide mich für „Passanten um 20 Cent bitten". Man muss die Übung einige Male wiederholen, um zu sehen, welche Gefühle dabei in einem aufkommen.

Zunächst ist es noch unglaublich schwer einzusehen, dass es doch völlig egal ist, was wildfremde Menschen denken, wenn man sie um Kleingeld fragt. „Sie stellen doch nur eine höfliche Frage, die Ihr gegenüber mit ‚Ja' oder ‚Nein' beantworten kann", macht unser Therapeut ständig aufs Neue deutlich. Anfangs erwische ich mich dabei, wie ich mich am liebsten davor drücken und in meiner Komfortzone verstecken würde, doch kurz darauf schaffe ich es, auf jemanden zuzugehen.

Die ersten Fußgänger, die ich anspreche, schauen mich irritiert an und antworten dann, sie hätten keinen Geldbeutel dabei. Trotz Einkaufstüten... ah ja.

Das Schamgefühl, das dabei in mir hochsteigt, ist zu Beginn noch relativ stark ausgeprägt, doch ich bemerke, wie ich mich Minute für Minute besser damit arrangieren kann. Bei meinem dritten Versuch mustert mich die ältere Dame von oben bis unten und antwortet fast entrüstet mit „Nä!". Darüber muss ich selbst schmunzeln. Als viertes frage ich einen Herrn, der bereit scheint, mir auszuhelfen und mich daraufhin fragt, wofür ich das Geld denn bräuchte. Shit, auf Gegenfragen war ich gar nicht vorbereitet. Ich muss lachen, winke ab und gehe weiter. Nachdem ich mir eine kurze Pause gegönnt habe, frage ich ein älteres Paar und gebe an, Kleingeld für ein Telefonat zu benötigen. Der Mann greift in seinen Geldbeutel und gibt mir die heiß ersehnten 20 Cent.

Wie eine Trophäe trage ich die Münze mit mir herum und zeige sie stolz den Therapeuten. Kurz vor der Rückfahrt lasse ich mich jedoch wieder in meine alten Muster fallen und habe ein schlechtes Gewissen, da ich die Gutmütigkeit des älteren Paares für meine Zwecke „ausgenutzt" habe. Eigentlich weiß ich, dass es sich um lächerliche 20 Cent handelt und ich für diese Lüge nicht direkt in die Hölle kommen werde, dennoch schaffe ich es kaum, mich gegen das Gefühl, etwas Falsches getan zu haben, aufzulehnen. Als ich auf dem Weg zum Bus eine Bäckerei betrete, achte ich deswegen genau darauf, ob die beiden Senioren noch in der Nähe sind und denken könnten, dass ich sie belogen habe. Da ich sie nirgends entdecken kann, lenke ich meine Aufmerksamkeit auf die Backwaren und überlege, was ich mir für die Heimfahrt mitnehmen soll. Bevor die Angestellte mich bedienen kann, gewinnt allerdings plötzlich meine Rechtschaffenheit Überhand, ich werfe die 20 Cent in eine Spendendose, die auf der Theke steht und verlasse umgehend das Geschäft. Das war nicht besonders SST-like.

Kontrolle ist gut, Vertrauen ist besser

Während für Freya die letzte Woche beginnt, befinde ich mich weiterhin in einem Zwist. Ich will mehr von ihr, aber nur, wenn es auch echt ist. Wir führen fast täglich Diskussionen über dieses Thema. Eigentlich weiß keiner von uns beiden genau, was jeweils mit ihm selbst los ist, dennoch versuchen wir ständig den anderen einzuschätzen und liefern dabei mehr oder weniger handfeste Argumente. Sie reichen von der Ansicht, dass eine Beziehung nie funktionieren könnte, bis zu der Auffassung, dass wir eigentlich perfekt zusammen passen. Wahrscheinlich liegt die Antwort wie meistens irgendwo dazwischen, doch keiner will nachgeben. Da wir uns nie einigen können, gibt es von beiden Seiten früher oder später nur noch trotzige Reaktionen. „Wie kannst du dir denn immer so sicher sein, du weißt doch nicht mal was du willst!", rege ich mich auf. „Na und?", faucht sie, „du weißt doch noch nicht mal, wer du bist!"

…das war fast schon gemein. Aber sie hat Recht. In meiner nächsten Sitzung erzähle ich meiner Therapeutin, dass mir zuletzt seltsame Ticks an mir aufgefallen sind. Unter anderem kontrolliere ich ständig meine Haltung oder meinen Gang darauf, wie er nach außen wirkt und was jemand darüber sagen könnte. Infolgedessen erhalte ich einen Selbstbeobachtungszettel. Das ist eine Tabelle, in der ich ungewöhnliche Verhaltensweisen meinerseits notieren kann, sobald ich sie wahrnehme. Dazu soll ich vermerken, wann und wo so etwas passiert, wie es mir dabei geht und welche Reaktionen man mir dabei ansehen kann.

Nach der Therapiestunde begebe ich mich wieder in die Cafeteria, setze mich zu Freya und beobachte, was ich selbst so tue. Es ist gar nicht einfach, etwas an sich als ungewöhnlich auszumachen, wenn man sich immer so verhält. Dennoch fallen mir nach wenigen Minuten die ersten Dinge auf, die ich bisher für normal gehalten hatte, die aber eigentlich gar nicht notwendig sind und eher Stress in mir auslösen. Selbst wenn ich nur dasitze, überprüfe ich zum Beispiel ständig, wie meine Sitzposition nach außen wirkt. Während ich mit Freya rede, achte ich außerdem genau auf ihre Mimik, Gestik und Tonlage und versuche konzentriert von ihren Lippen abzulesen, welche Intention hinter jeder Aussage steckt. Zugegeben, ich hänge mit meinem Blick meistens an ihren Lippen, selbst wenn sie nur in ihr Tagebuch schreibt, dennoch mache ich das alles auffallend systematisch, egal bei wem. Als würde ich stets die maximale Kontrolle über die Situation brauchen und nichts dem Zufall überlassen wollen. Anscheinend passiert das sonst alles unbewusst, langsam erkenne ich jedoch, wie viele angstgeleitete Prozesse die ganze Zeit über im Hintergrund ablaufen. „Chill doch mal, mach dich mal locker!" Wie oft habe ich mir das anhören müssen, wusste aber nicht, wie ich mich selbst davon abbringen soll, dauernd alles zu analysieren und die Aufmerksamkeit auf etwas anderes zu richten.

Als ich abends in meinem Bett liege, ist die vordere Seite des Selbstbeobachtungsbogens schon vollgeschrieben. Während sich meine Zimmergenossen unterhalten, fällt mir auf, wie ich zwischendurch sogar im Spiegelbild der Fensterscheibe Mimik und Gestik der beiden kontrolliere und zu erkennen versuche, ob in irgendeiner Form eine Diskussion entstehen könnte, die die Harmonie gefährdet. Mir schwant schon, dass da noch mehr dahintersteckt.

Am nächsten Abend steht ein Gruppenausflug an und wir einigen uns auf den Besuch eines Festivals in der Stadt. Augenscheinlich bin ich währenddessen noch von dem Selbstbeobachtungstrip des Vortags beeinflusst, denn als wir uns durch das Volk wühlen, verstehe ich allmählich, wieso Menschenmassen in der Vergangenheit oftmals ein Problem für mich darstellten. Selbst in der Menge versuche ich krampfhaft bei jeder einzelnen Person die Körperhaltung und Gesichtszüge nach „Gefahrenpotential" einzustufen. Dabei vergleiche ich mit bereits registrierten Mustern, die mir irgendwann in meinem Leben schon einmal an anderen Personen negativ aufgefallen waren. Gleichzeitig versuche ich möglichst viele Gespräche im Hintergrund zu verfolgen und dabei einzuschätzen, ob die Tonhöhe nach Streit oder Gewaltbereitschaft klingt. Schon früher hatte ich die seltsame Angewohnheit, beim Betreten einer neuen Umgebung als erstes zu prüfen, welche Mittel oder Fluchtwege mir zur Verfügung stehen, falls die Situation aus irgendeinem Grund eskalieren sollte, doch ich hatte die ganze Zeit über wohl viel mehr Kontrollticks, als mir das bewusst war.

Tags darauf berichte ich meiner Therapeutin davon und zeige ihr den Selbstbeobachtungsbogen. Außerdem erzähle ich von einem Streit, der in der

Gruppe entbrannt ist und dass es mir so vorkommt, als ob ich bei Konflikten viel zu empfindlich reagiere. Selbst kleinste Bemerkungen bringen mich schon zum Grübeln und das, obwohl ich durchaus schlagfertig bin. Daraufhin werde ich gefragt, ob meine Schlagfertigkeit möglicherweise nur der Schutzmantel sei, den ich mir angeeignet hätte, um mein völlig unsicheres *Ich* zu verteidigen.

Das ist wieder so ein Kommentar, der in meinem Kopf alles einstürzen lässt, was vorher feste Überzeugung war und ein riesiges Durcheinander hinterlässt. Die Therapeutin erklärt mir, es sei nicht ungewöhnlich, dass ich nicht wisse, wer oder was ich bin. Wenn von klein auf starke Unsicherheit herrsche, läge der Fokus auf anderen Dingen als herauszufinden, welche Bedürfnisse man hat und wer man eigentlich ist. Vielmehr versuche man eben zu kontrollieren, was zu kontrollieren geht.

Dabei kommen wir auch auf Ticks zu sprechen, die man dem sogenannten „Magischen Denken" zuschreibt. Das kann zum Beispiel der Aberglaube sein, man müsse eine bestimmte Aktion ausführen, damit zu einem späteren Zeitpunkt nichts Negatives geschieht oder die Angewohnheit, Zahlen bestimmte Bedeutungen zu geben. Obwohl ich vieles davon zwischenzeitlich vergessen habe, weiß ich, dass ich mir als Kind ständig solche Regeln ausgedacht hatte und mich damit zeitweise auch quälte, doch das muss sich wohl normalisiert oder mit der Zeit in unauffälligere Angewohnheiten abgewandelt haben.

Nach dieser Stunde arbeitet es in meinem Kopf wieder auf Hochtouren. Ich frage mich, wie oft ich wohl noch halbwegs geordnet in dieses Zimmer hinein gehe, nur um kurz darauf komplett verdreht rauszukommen. Die letzten beiden Male habe ich schon gedacht, dass ich endlich den Knackpunkt gefunden hätte, doch nun sieht wieder alles ganz anders aus.

Um den Kopf frei zu bekommen, muss ich joggen gehen. Währenddessen fange ich an, mir darüber Gedanken zu machen, ob mir die Dauer des Aufenthalts überhaupt genügt und ob ich im Gesamtbild gar signifikant vorangeschritten bin. Ständig scheint ein neuer riesiger Berg vor mir zu stehen und ich komme mir unsortierter denn je vor. Vielleicht funktioniert das am Ende alles doch nicht? Als ich nach dem Laufen mein Handy in die Hand nehme, springt mir direkt eine SMS von Freya ins Auge: „die kleinen Steinchen, nicht die Alpen!!!"

Update I

Wenige Tage später ist Abschied angesagt. Das Mädchen, das in dieser kurzen Zeit so vieles in mir wieder zum Leben erweckt hat, wird entlassen. An diesem Tag überwiegt jedoch die Zufriedenheit darüber, dass ich es endlich einmal geschafft habe, ein „gesundes" Verhältnis zu jemandem aufzubauen und es nicht der Drang zum Kümmern und Klammern war, auf dem meine Gefühle basierten. Freya hat mir zwar auch als Stütze gedient, doch viel mehr dadurch, dass sie mir vor allem während meiner kontrastreichen Entwicklung Zuspruch entgegenbrachte und es mir damit leichter gemacht hat, den Halt in mir selbst zu finden. Und je mehr ich davon bei mir ausmachen konnte, desto weniger musste ich ihn woanders suchen.

Kurz vor Freyas Abfahrt gehen wir zu ihrem Auto, reden noch ein bisschen und umarmen uns lange. Auch wenn sie mir nie zugestimmt hat, wenn ich sagte, dass sie trotz ihrer Symptomatik und Impulsivität gut sei, wie sie ist, muss sie am Ende doch zugeben, dass sie in den letzten Wochen zum ersten Mal überhaupt so etwas wie Akzeptanz für sich selbst entwickeln konnte. Und obwohl auch ich viel aus unserer gemeinsamen Zeit mitgenommen habe, weiß ich, dass mir die restlichen Wochen ohne sie gut tun werden. Mir ist außerdem bewusst, dass wir nicht heute und nicht morgen zusammen kommen dürfen. Es wäre noch zu verlockend, sich in ihr zu verlieren, anstatt weiter an mir zu arbeiten.

An diesem Tag verlassen gleich mehrere der jungen depressiven Bande die Klinik. Von dieser Abschiedsstimmung beeinflusst sitzen wir in unserer dezimierten Gesprächsrunde. Währenddessen kommt das Thema meiner letzten Einzelsitzung auf und mir schwirrt ständig das gleiche Bild im Kopf herum: Ich habe keine Ecken und Kanten, weiß nicht, wer oder was ich bin und überhaupt will, sondern suche immer nur Kontrolle und Sicherheit und füge mich jederzeit so, dass ich überall hineinpasse. Sich selbst nicht zu kennen ist aber *der* Unsicherheitsfaktor. Wenn ich in Bedrängnis gerate, gibt es quasi nichts, worauf ich mich berufen kann, weil ich selbst gar nicht so genau weiß, was mich eigentlich ausmacht. Ich bin zwar wehrhaft, aber es ist nur ein Programm das abläuft, um den schwachen Kern, der vor lauter Zweifeln dauernd alles kontrollieren muss, zu schützen.

Um dieses Bild zu verdeutlichen, versuche ich es der Gruppe anhand eines Computers zu erklären: Es ist wie bei einem PC mit einem besonders angreifbaren Betriebssystem. Um die Defizite der mangelhaften Programmierung auszubügeln, ist er mit lauter Antivirensoftware vollgeladen. Alle Ressourcen die zur Verfügung stehen, gehen somit für die Sicherheit drauf, weswegen man kaum noch damit arbeiten kann.

Da ich mir nicht ganz sicher bin, ob das für alle verständlich war, schaue ich nach links zu meiner Therapeutin. „Ich war bei Betriebssystem raus", sagt sie. Einzelne aus der Gruppe wussten worauf ich hinaus will. Der Oberarzt meint, dass ich nicht so hart mit mir sein soll, ich hätte mich so entwickelt, um in der Vergangenheit mit den Umständen zurechtzu-kommen. Ich nicke und versinke wieder in meinen Gedanken.

Direkt nach dieser Stunde habe ich eine Einzel-sitzung. Da meine Therapeutin in der Gruppenstunde nicht verstanden hat, worauf ich hinaus will, bin ich bereits dabei zum gewohnten „Keiner-kapiert-was-ich-meine"-Modus überzugehen. Als ich das Zimmer betrete und mich ernüchtert auf den Stuhl setze, durchsucht sie gerade noch ihre Mappe.

„Ich habe nochmal über Ihr Betriebssystem nach-gedacht", sagt sie, „vielleicht ist es gar nicht so ver-kehrt, Sie brauchen nur ein Update!" Dabei zeigt sie mir ein Blatt, auf dem sie in den vorigen Stunden meine alten Muster aufgelistet hat, malt Pfeile, damit ich erkenne, wie meine Gedankenspiralen zu den verschiedenen Verhaltensweisen geführt haben und schreibt darunter stichpunktartig die Konsequenzen.

Daraufhin bin ich etwas perplex. Hat sie mir gerade in zwei Minuten eine Skizze aufs Blatt ge-schmiert, in der sämtliche meiner ungesunden Ver-haltensmuster, deren Auswirkungen und ein mögli-cher Ausweg erklärt sind? Ich schaue mir den Zettel genauer an und hake die Punkte in meinen Gedanken nacheinander ab - und staune. Das ist tatsächlich eine Art Entschlüsselung des Chaos, das jahrelang in mir herangewachsen ist. Zwei Monate zuvor hätte ich mich fast völlig aufgegeben, weil alles ein undurch-dringliches Wirrwarr ohne Ausweg zu sein schien und nun habe ich es wie eine Landkarte vor mir lie-gen. Gemeinsam schauen wir uns das Blatt an, um mir die Zusammenhänge zu verdeutlichen.

Inzwischen hatte ich schon verstanden, dass es stets meine Hauptmotivation war, den unangenehmen Gefühlen, die aus meiner Unsicherheit resultierten, um jeden Preis aus dem Weg zu gehen. Ohne es zu merken, habe ich mir in der Vergangenheit deswegen etliche Verhaltensweisen angeeignet, mit denen ich die Angst vor Chaos und Verlust durch Kontrolle und Ordnung zu kompensieren versuchte. Hauptsache, nicht noch einmal so etwas Schlimmes fühlen müssen.

Damit ich verstehe, wie das zu meinem Symptomen geführt hat, nehmen wir das Thema der letzten Stunde her, als ich über meine Dünnhäutigkeit geklagt hatte. Um die Unsicherheit im Zaum zu halten und meine Angriffsfläche zu minimieren, lasse ich nämlich seit Jahren das gleiche Programm ablaufen: In erster Linie verzichte ich. Größtenteils auf die Beachtung eigener Bedürfnisse und auf eine eigene Meinung. Zu unwichtigen Dingen äußere ich mich erst gar nicht, schlage mich wenn möglich aber auf die Seite von vermeintlich Schwächeren und habe so ein moralisch einwandfreies Ventil für angestauten Ärger. Um jegliche Form von Disharmonie zu vermeiden, versuche ich mich außerdem jederzeit bestmöglichst anzupassen. Schon im Vorfeld lasse ich deswegen auch fast nur Leute an mich heran, bei denen ich das Gefühl habe, dass es kaum zu einer Auseinandersetzung kommen könnte. Falls ich dennoch Vorwürfen ausgesetzt bin, überprüfe ich ständig, was letztendlich den Ausschlag dafür gegeben hat und wenn ich dann keine rationale Erklärung dafür finden kann, entsteht wiederum Unsicherheit und das Spiel geht von vorne los. Noch weniger Meinungsäußerung, noch weniger Kontakte, noch mehr Anpassung, noch mehr Kontrollzwänge.

Solche Kreisläufe sind natürlich weitaus komplexer, doch das genügt mir schon um zu verstehen, wieso sich meine ungesunden Verhaltensweisen so schleichend entwickeln konnten. Sie bauten stets darauf auf, dass ich Situationen, die mir Angst machten, vermeiden wollte, wurden aufgrund des falschen Ansatzes immer extremer, arteten nacheinander aus und blieben für mich dennoch kaum erkenntlich, bis sich der Ärger, dem ich nie Gehör gab, in Bauchschmerzen ausdrückte.

Dazu passt auch, dass ich mich ständig um die Probleme anderer gekümmert hatte, wodurch ich mir deren Zuneigung sowie Solidarität und damit weitere Ruhepole sichern wollte. Allerdings entstanden stattdessen neue Brandherde, die Sorgen nach sich zogen, was sich wiederum auf meine innere Ruhe und folglich auch auf meinen Schlaf und meine Konzentration ausgewirkt hatte. Den Weg zurück habe ich mir dabei selbst verbarrikadiert. Da die genannten Verhaltenszüge zunehmend in die gleiche Richtung gingen und ich erst gar nicht über eine andere Möglichkeit nachdachte, nahm ich mir schon im Vorfeld jede Möglichkeit, um überhaupt noch andere, positive Erfahrungen machen zu können. Monat um Monat verlor ich so die Kompatibilität zum Alltag, bis ich in diesem Strudel ganz unten anlangt war.

„Sie wissen inzwischen aber auch, wie es anders geht!", ruft die Therapeutin mir ins Gedächtnis. In der Tat hatte ich die letzten Wochen einiges dazu gelernt und zwischenzeitlich Veränderungen gespürt. Vor allem das wachsende Vertrauen in mich selbst, erlaubte mir viele meiner alten Verhaltensmuster zu vernachlässigen. Für fast jeden ehemals überfordernden Umstand, hatte ich inzwischen ein alternatives Vorgehen, das mich direkt in eine andere, bessere Richtung steuern ließ und das galt es nun noch weiter auszubauen.

Nach dieser Sitzung ist auch das letzte wackelige Gerüst in meinem Kopf eingestürzt. Doch nun war Zeit für den Wiederaufbau, diesmal allerdings auf einem anständigen Fundament. Vielleicht würde das, was ich hier lerne, mein Leben ja tatsächlich so stark beeinflussen, wie ich es nicht mehr zu hoffen gewagt habe. Gesund sein, Leben, Genießen, Familie, Karriere... Das war alles einmal unerreichbar und jetzt durfte es nach und nach doch wieder eine Rolle spielen. Ich weiß noch genau, wie froh ich war, als ich vor einigen Jahren erstmals wieder schlank über die Türschwelle eines McDonalds gehen konnte. Das war damals ein ähnlich geiles Gefühl. Aber das hier, das könnte wirklich alles verändern.

Update II

Als mir die einzelnen Stufen des Abwärtsstrudels deutlich werden, begreife ich endgültig, dass der Weg nach oben auch nur in Etappen zu bewältigen sein kann. Die voranschreitenden Aufräumarbeiten bezüglich meiner Vergangenheit bringen außerdem regelmäßig neue Erkenntnisse hervor. Lange hatte ich mich gefragt, wieso es vor Freya monatelang niemanden gab, der auch nur ansatzweise mein Interesse auf sich ziehen konnte und fand partout keine Erklärung dafür. Erst als ich mich traue, mich wieder ehrlich mit meinen Erlebnissen zu befassen, wird mir klar, dass ich schon gar keine emotionale Nähe mehr zulassen will, weil es schlichtweg unerträglich war, was insbesondere in meiner Ehe zur Tagesordnung wurde. Wenn man der Person, die einem alles bedeutet, ständig dabei zuschauen muss, wie sie nach Luft ringt und sie außerdem solche seelischen Schmerzen leidet, dass ihr das eigene Leben egal wird, überlegt man sich zweimal, ob man nochmals so ein enges Verhältnis zulässt. Da Freya aber enorm standhaft zu sein schien, erlaubten mir meine Zweifel wohl dennoch, mich an sie heranzutrauen.

Abgesehen von ihr, ist mein Kanal für jede Form von Annäherung aber weiterhin dicht. Für gar nichts empfänglich sein, ist wahrscheinlich einfacher, als sich wieder potentiellem Stress auszusetzen. Dabei hatte ich mir in der Vergangenheit lange eingeredet, ich wäre schon mit allem zurechtgekommen und hätte keine „Folgeschäden" davon getragen. Je deutlicher manche seltsamen Verhaltensweisen ans Licht kamen, desto eher sprach das jedoch für einen Trugschluss. Aber wie soll man mit Ängsten und Erfahrungen, die sich scheinbar viel zu tief eingebrannt haben, überhaupt so einen Umgang erlernen, dass sie im Alltag keine Probleme mehr bereiten? Verdrängen liegt mir jedenfalls nicht und die ganze Positiv-Denken-Kacke hat bei schwerwiegenderen Angelegenheiten auch nie nachhaltig geholfen.

Derweil ist die Vorweihnachtszeit in vollem Gange. Emilia hat mir zu jedem Advent ein Päckchen mit Plätzchen und einen selbst gebastelten Adventskalender geschickt. Als ich im Gegenzug in einer Buchhandlung ein Geschenk für sie besorgen will, fällt mir in der „Glücklich Leben"-Abteilung ein Buch in die Hand. Noch mehr Positiv-Denken-Kacke, denke ich mir erst, sehe dann aber, dass auf der Rückseite etwas von ACT steht, der Acceptance- and Commitment-Therapy. Unser Oberarzt hatte diese Therapiemethode wenige Tage zuvor eher beiläufig erwähnt und da mir der Begriff nun schon wieder begegnete, ist mein Interesse endgültig geweckt.

Die Tage darauf gebührt meine Aufmerksamkeit allem, was ich im Internet zu dem Thema finde. Nach einigen Minuten kann ich schon herauslesen, dass ich vieles davon bereits in der Klinik gelernt habe. Im Vordergrund steht der Ansatz, wie es der Name vermuten lässt, unschöne Gedanken und Gefühle zu akzeptieren, anstatt sie mit Gewalt loswerden zu wollen. Das sagt mir schonmal zu. Inzwischen weiß ich ja, dass ich viele meiner ungesunden Verhaltensweisen entwickelt hatte, weil ich unangenehme Empfindungen vermeiden wollte. Nun gilt es zu begreifen, dass sie zum Leben dazugehören, und bereit zu sein, sie anzunehmen. Dabei hilft mir vor allem die Erkenntnis, dass man oft nicht an der Situation selbst, sondern lediglich an der eigenen Interpretation und den daraus resultierenden Befürchtungen verzagt. Es war mir in der Vergangenheit zwar oft bewusst, dass die Ängste, die mich beherrschten, wenig mit der Realität zu tun hatten, dennoch trieben sie mich unabhängig von ihrer Unwahrscheinlichkeit nicht selten in die Verzweiflung. Um dem zukünftig entgegenzusteuern, notiere ich mir einige Techniken der „kognitiven Defusion"[2]. Diese sollen dabei helfen, furchteinflößende Gedankenketten und Wirklichkeit wieder voneinander zu unterscheiden und somit auch, wie man zu unangenehmen Bildern und den dazugehörigen Gefühlen solch einen Abstand herstellt, dass sie einem gar nicht mehr so viel ausmachen. Das kann funktionieren, indem man zum Beispiel damit anfängt, seine Ängste zu kategorisieren und so lernt, sie eher von außen zu betrachten, anstatt sich von ihnen überwältigen zu lassen.

Damit man aber erst gar nicht mehr in solche Strudel hineingerät, soll es helfen, sich die *Achtsamkeit*, sozusagen die „Entschleunigung" des Alltags, zu Nutze zu machen. Ähnlich wie nach dem Prinzip des Positivtagebuchs, geht es darum, sich auf die Besonderheiten des Augenblicks zu konzentrieren. In der Klinik gibt es auch eine Gruppe, in der dies unter anderem durch Meditation geübt wird. Im Grunde

---

[2] Im Internet unter „Defusionstechniken" zu finden

genommen, soll das dabei helfen, wieder all das wahrnehmen zu können, was Lust aufs Leben macht, wofür der Stress jedoch tagtäglich den Blick vernebelt. Das klingt ganz nett, aber auch fast zu simpel.

Update III

„Einfach mal machen, nicht so viel *bewerten*", hatte die Therapeutin in der Gestaltungstherapie regelmäßig betont. Meine Bilder waren aber meist so ein hässliches Geschmiere, was soll man daran nicht bewerten? Erst als ich mich mit dem Begriff „Bewertung" richtig auseinander gesetzt habe, verstehe ich, was sie meint.

Bisher hatte ich die Angewohnheit, ständig alles zu analysieren und hundertmal zu hinterfragen, als etwas betrachtet, gegen das man sich nicht wirklich wehren kann. Getreu dem allseits beliebten Spruch: „Ich mache mir einfach zu viele Gedanken!" Doch nun bin ich während der Recherchen auf den Tipp gestoßen, einmal darauf zu achten, wann ich einen Moment nur *erlebe*, ohne darüber nachzudenken, und wann ich die Situation einzuschätzen versuche. Tatsächlich sind das zwei unterschiedliche Prozesse, die ich auch voneinander getrennt wahrnehmen kann. Wenn eine Aktivität ausreichend Konzentration von mir abverlangt, egal ob Volleyballspielen oder Kreuzworträtsel, interessiert mich das Drumherum nämlich relativ wenig. Erst wenn ich nicht mehr weiß, wem oder was ich meine Aufmerksamkeit widmen soll, springt wieder ein anderer Teil meines Denkapparats an, der abermals alles Besorgniserregende in den Fokus rückt. Meine Bauchschmerzen, die Meinungen der Menschen um mich herum, die ungewisse Zukunft. Unweigerlich nehme ich eine bewertende Haltung ein, als stünde alles unter dem

Motto „Was könnte nun wieder schief laufen, worauf ich mich lieber vorbereite?" und erneut beginne ich zu analysieren, hinterfragen, überprüfen, zweifeln. Wenn der Blick auf die Welt dann sowieso schon etwas düsterer ist, fällt es bei dieser permanenten Einteilung in *gut* oder *schlecht* schwer, nicht nur Augen für alles Verbesserungswürdige zu haben.

Nun ist Vorsicht nicht unbedingt etwas schädliches, doch in der Ausprägung, wie ich sie auch schon beim Ausfüllen des Selbstbeobachtungsbogens wahrgenommen hatte, nahm sie mir in den letzten Monaten offenkundig so viel vom Leben, dass kaum noch Kraft für etwas anderes blieb. Denn selbst wenn es keine unmittelbare „Bedrohung" gibt, herrscht aufgrund der pausenlosen Überprüfung ständig ein Unwohlsein in mir, das fortlaufend Gedanken produziert, die mir in der jeweiligen Situation kaum weiterhelfen können, aber dennoch einen ungeheuren Stress auslösen. Der schlägt wiederum auf meine Befindlichkeit und begünstigt so neue Symptome, die mich ebenfalls beunruhigen.

Mir wird schnell klar, dass dieser Kreislauf einer der Stoffe sein muss, aus dem meine Depression gestrickt ist. Doch da kommt nun die Achtsamkeit ins Spiel. Die Konzentration auf das *Hier und Jetzt* soll dabei helfen, nicht mehr in diesem Bewertungsstrudel unterzugehen. Zunächst gehe ich allerdings mit einem gesunden Zweifel an die Sache heran. Seitdem ich das erste Mal mit „Lebe den Moment"-Tipps in Berührung gekommen bin, ging mir alles, was einen Tick zu spirituell war, gegen den Strich. Selten gab es eine hilfreiche Anleitung, wie man überhaupt damit anfängt, im *Jetzt* zu bleiben. Bei der Achtsamkeit funktioniert das hingegen ganz pragmatisch. Man soll probieren, sich auf die unscheinbaren Reize des Alltags zu konzentrieren und dabei von nichts anderem stören lassen. Anfangs übe ich das, indem ich versuche beim Essen jeden Happen zu schmecken, beim Laufen die einzelnen Schritte wahrzunehmen, meinen Tastsinn wieder zu entdecken oder einfach nur bewusst einige Sekunden auf den Atem zu achten.

„Das ist doch viel zu billig", denke ich die ersten Male noch, ohne dabei zu merken, dass die Fokussierung auf die einzelnen Empfindungen schon längst ihren Zweck erfüllt. Bisher verzweifelte ich ja daran, dass ich quasi ständig mit einem Scanner umherlief, der permanent auf Problemsuche war, selbst wenn es gar keines gab. Unterm Strich blieb aufgrund des permanenten *Überprüfens* also kaum Zeit fürs *Erleben* und ich hatte dem stetig ansteigenden Stress in mir nur wenig entgegenzusetzen. Doch nun drehe ich den Spieß um, indem ich meine Aufmerksamkeit direkt auf das lenke, was der Moment hergibt und so erst gar nicht mehr all zu tief ins Grübeln komme. Es braucht anfangs zwar einiges an Übung, doch mit der Zeit erreiche ich so tatsächlich einmal ein gesundes Gleichgewicht zwischen Vorsicht und Genuss.

Beim achtsamen Essen wird außerdem eine weitere ungünstige Entwicklung meiner vormaligen Herangehensweise deutlich. Wenn die Unruhe in der Vergangenheit überhandgenommen hatte, gab ich mir daraufhin oft mit süßen oder fettreichen Lebensmitteln relativ einfach intensivste Reize und lenkte mich damit von allem, was Stress bedeutete, kurzzeitig ab. Durch diese Überdosen ging neben den Sorgen jedoch auch das Gespür für die unscheinbareren Empfindungen verloren. Um mir noch etwas zu bieten, wurde ich früher oder später von immer stärkeren Reizen abhängig und so ging es mir letzten Endes in allen Bereichen, die das Leben ausmachen. Je mehr ich den Sinn für das Einfache verlor und stattdessen nur „intensiver, größer, besser" hinterher lief, desto schwerer wurde es, sich mit der Normalität zufrieden zu geben und den unschönen Gefühlen überhaupt noch etwas Positives entgegenzusetzen. Egal ob auf meinen Reisen, was Materielles anging oder allein dass ich verkannte, wie komfortabel und sicher das Leben hier eigentlich ist. Durch das viele Bewerten neigte ich nicht nur dazu, noch mehr Probleme zu sehen, als sowieso schon da waren, ich ließ mich auch noch dazu hinreißen, mich künstlich zu sättigen und betäuben, wodurch das Verlangen nach *mehr* ins Unermessliche stieg, bis ich schließlich komplett übersah, woraus das Leben eigentlich besteht.

Anstatt mich also weiter in Reizüberflutungen zu flüchten, übe ich nun Tag für Tag vom *bewertenden* in den *achtsamen* Bewusstseinszustand zu wechseln, was mir bald auch mit Hilfe von meditativen Übungen leichter fällt. Je deutlicher ich im Alltag selbst unscheinbarste Empfindungen wieder so wahrnehme, wie ich das als Kind noch gemacht habe, desto besser kann ich mich daran festhalten und den aufkommenden Gedankenketten schon im Keim die Wirkung nehmen. Und so gerät die depressive Maschinerie erstmals spürbar ins Stottern.

Virus

Luisa hat mir angeboten, sie am Wochenende zu ihrer Schwester zu begleiten. Dadurch schlafe ich das erste Mal seit einem Monat außerhalb der Klinik und habe gleichzeitig die Möglichkeit, neue Verhaltensweisen im „echten" Leben auszuprobieren.

Nachdem wir dort angekommen sind, lege ich von Beginn an los. „Kann ich dir etwas zum Trinken anbieten?", fragt mich Luisas Schwester. Bisher hatte ich die Grundeinstellung, bloß keine Unannehmlichkeiten zu bereiten, also muss ich von nun an in die andere Richtung. Statt meiner Standartantwort „Leitungswasser", was sonst immer den vermeintlich kleinsten Umstand bereitete, lasse ich mir einen Tee aufbrühen. Das mag lächerlich klingen, aber wenn man sich so darauf getrimmt hat, in keinster Weise aufzufallen, ist sogar das eine Herausforderung. Etwas später bediene ich mich auch munter an den Süßigkeiten, die beim Kaffeetrinken auf dem Tisch ausgebreitet sind. Dabei bin ich sogar etwas dreist, als ich eine Sorte Schokolade allein wegfuttere. Während den Gesprächen kann ich außerdem feststellen, dass ich im zwischenmenschlichen Umgang mittlerweile viel bestimmter auftreten kann und dabei mich selbst und meine Meinung wesentlich ernster nehme.

Als wir am Tag darauf wieder zurückfahren, bin ich mit mir zufrieden. Allerdings kommt es zurzeit des Öfteren vor, dass mich lang vergangene Situationen beschäftigen, über deren Ausgang ich mich im Nachhinein ärgere. Zurück in der Klinik denke ich über Streitereien mit meiner Exfrau nach, die regelmäßig aufgrund der Beleidigungen ihrer Mutter entbrannt waren. Dabei habe ich erneut seltsame Körperempfindungen, wie ich sie aus den intensiveren Therapiestunden kenne, doch diesmal kommt es mir besonders komisch vor. Auch wenn in jenen Erinnerungen einiges an Frustpotential steckt, sind die Reaktionen ungewöhnlich stark. Kurze Zeit später wird mir sogar schwindelig, woraufhin ich mich zur Medizinischen Zentrale begebe und darüber erkundige, was ich nun machen soll. Es fühlt sich an als würde mich das, was in mir tobt, jeden Moment von den Beinen holen. Da ich davon ausgehe, dass es meine Psyche ist, die Faxen macht, wird eine Therapeutin gerufen. Nachdem ich ihr erzählt habe, was mich beschäftigt, einigen wir uns darauf, dass ich neben meinem üblichen Schlaftrunk noch Tavor bekomme und versuchen werde, einzuschlafen.

Auf dem Weg zurück in mein Zimmer wird mir plötzlich übel. So schnell es geht, renne ich auf die nächste Toilette und genau in dem Moment, als ich sie erreiche, muss ich mich übergeben. Naja, übergeben ist sehr vornehm ausgedrückt. Und leider habe ich nicht nur ins Schwarze getroffen. Trotz meines Schwindels und Kopfschmerzen zwinge ich mich dazu, alles sauber zu wischen. Dieses Event bekommt später sogar einen Platz in meinem Positivtagebuch: „Verkotztes Klo unter widrigen Umständen selbst gereinigt."

Als ich am nächsten Morgen aufwache, überschlagen sich die Ereignisse. Auf meinem Handy lese ich eine SMS von Luisa: „Wie geht's dir? Ich konnte die ganze Nacht nicht schlafen und musste mich übergeben." Noch von der Müdigkeit benommen, versuche ich zu kombinieren. In dem Moment kommt meine Therapeutin, die während der Zeit in der Klinik auch meine zuständige Ärztin ist, ins Zimmer. Sie trägt einen weißen Kittel, Mundschutz und Handschuhe. Gerne hätte ich meinen verdutzten Blick gesehen, doch der meines Zimmerkollegen war besser. Er hatte mir ein paar Tage vorher erzählt, dass er besonders mit Panik vor Keimen und Infektionen zu kämpfen habe und es war offensichtlich, dass hier etwas nicht stimmt.

„Ich bin verwirrt...", sage ich.

„Tja, wenn die Schwester vor einer Woche krank war, und Sie in so engem Kontakt mit ihr waren, ist es naheliegend, dass Sie sich auch angesteckt haben...", antwortet die Therapeutin.

Daraufhin muss ich erst einmal in mich gehen. Es gibt in der ganzen Klinik nur eine Krankenschwester, mit der ich überhaupt engeren Kontakt haben wollte und selbst wenn ich am Tag zuvor die fünffache Menge an Tavor genommen hätte, bin ich mir ziemlich sicher, dass das bisher nicht passiert ist.

Dann dämmert es mir. Sie redet von Luisas Schwester und dem Besuch am Wochenende. Deswegen auch die SMS auf meinem Handy. Meine Therapeutin respektive Ärztin händigt mir ein Infoblatt zum Norovirus, Desinfektionsmittel und ein Röhrchen für eine Stuhlprobe aus. Ich muss in Quarantäne.

Kostenlos ins Einzelzimmer, das haben sonst nur Privatpatienten, ist dabei mein erster Gedanke. Als ich auf dem Zettel lese, dass ich bei positivem Ergebnis über eine Woche lang nicht aus dem Raum darf, verliert dieser Luxus aber ziemlich schnell seinen Reiz. Während ich die wichtigsten Sachen zusammenpacke, machen sich bei meinem Zimmergenossen erste Zeichen der Panik bemerkbar. „Abgrenzen", sage ich mir selbst.

Zum Glück hatte ich mir ein paar Tage zuvor die erste Staffel „Game of Thrones" auf DVD gekauft, ich sollte also für ein paar Stunden Abwechslung haben. Außerdem bin ich gespannt, ob ich inzwischen auch ohne die Ablenkung, die die Freiheit bietet, meinen Gedankenstrudeln entrinnen kann.

Mit Tee, Zwieback und persönlichem Zimmermädchen verbringe ich den Tag in meinem neuen Bett. Die Stuhlprobe abzugeben klappt dabei wesentlich besser als die Urinprobe vor ein paar Wochen. Als das Zimmermädchen (es war eigentlich ein Mann, aber Zimmermännchen klingt seltsam) am Abend das letzte Mal hereinkommt, trägt er keinen Mundschutz mehr. Er teilt mir mit, dass die Probe negativ war und ich am nächsten Morgen wieder umziehen darf.

Nachdem ich die letzte Folge der Staffel angeschaut habe, lege ich mich zufrieden ins Bett. Der Tag bekommt einige Einträge in meinem Positivtagebuch, denn obwohl alles für eine Woche Isolation sprach, nahm ich die Situation so wie sie kam und habe es geschafft, kaum einen Gedanken daran zu verschwenden, was mir dadurch wohl alles entgangen wäre.

Grenzüberschreitung

Meine neuen Verhaltensweisen nehmen immer deutlichere Züge an und die Leitsätze des Selbstsicherheitstraining schwirren mir inzwischen Tag und Nacht durch den Kopf: „Nehmen Sie Ihre Bedürfnisse ernster, hinterfragen Sie alte Denkmuster, suchen Sie Ihren Ärger!"

Als ich diesen Worten Taten folgen lasse, kommen einige der jungen Depressiven nicht mehr so gut mit mir klar. Der Kontrast zu meiner altruistischen Einstellung, die sie zuvor von mir gewohnt waren, schreckt ab. Natürlich war meine Gesellschaft wesentlich angenehmer, als ich mich anfangs aus den Diskussionen raushielt oder bereitwillig jeden, der mich gefragt hatte, vom Bahnhof abholte, weil ich es nicht schaffte „Nein" zu sagen. Nun muss ich aber meine andere Seite finden, die eben auch gerne mal aneckt.

Während meine Therapeutin es als Erfolg wertet, dass ich wieder selbstbewusster auftrete, empfinden das einige der Gruppenteilnehmer sogar als arrogant, aber ich schenke dem nicht allzu viel Beachtung. Letztendlich habe ich Fortschritte gemacht und ich begreife die Klinik als das Testfeld, das sie ist. Ich muss hier nicht um jeden Preis Freunde finden, sondern einigermaßen stabil nach Hause gehen. Außerdem wird mir immer bewusster, dass Freunde eigentlich die sind, die einen so nehmen wie man ist, wenn man seinen eigenen Bedürfnissen Beachtung schenkt.

Das wird vor allem in der kommunikativen Bewegungstherapie deutlich. Beim Üben, die eigenen Grenzen wahrzunehmen und sie anderen zu setzen, zeigt sich, wie lange ich diese nicht mehr berücksichtigt hatte und wie negativ sich das auf mich und meine zwischenmenschlichen Beziehungen auswirkte. Da ich mich im Sinne der Harmonie oft nicht traute, anderen die Stirn zu bieten, führte ich meist ein Verhältnis, dessen Einklang größtenteils darauf basierte, dass ich mich und meine Bedürfnisse verleugnete und meinem Gegenüber quasi nie deutlich machte, wann mich etwas störte. Wenn man dem anderen jedoch nicht zeigt, wie weit er gehen darf, kann er einem früher oder später ja nur auf den Schlips treten.

Ursprünglich war dieses Fügen ein Versuch, mich vor weiteren Verlusten zu schützen, dummerweise hielt ich es aufgrund des zwangsläufig entstandenen Ungleichgewichts mit vielen Freunden aber erst gar nicht mehr aus. Nicht selten führte die darauf folgende Isolation wiederum in einen depressiven Zustand und wenn ich da einmal drin war, wollte ich oft mit niemandem mehr etwas zu tun haben.

Um dieses ungesunde Muster zu sprengen, war es am hilfreichsten, dass ich inzwischen ein vernünftiges Verhältnis zu mir selbst aufgebaut hatte. Von klein auf war Disharmonie und das, was ich in sie hineininterpretierte, etwas so Schwieriges, dass der Selbstbetrug der Anpassung und Aufopferung die deutlich angenehmere Lösung war. Doch wie viel waren Bindungen schon wert, wenn sie nur bestanden, weil sie nie strapaziert wurden? Nun da ich mich traute zu hinterfragen, ob mich wirklich jeder mögen muss, ich endlich auch mal die Verantwortung abgab und mich wieder wehrte, lernte ich einerseits, mich selbst ernster zu nehmen und erkannte andererseits, mit wem ich überhaupt meine Zeit verbringen will. Die Vorstellung, auch meinen Freunden in Zukunft knallhart Grenzen zu setzen, schreckt mich zwar erst einmal ab, aber legt man denn auf jemanden Wert, der einen nur mag, weil man bei allem klein bei gibt? Außerdem lerne ich hier immer wieder, dass es gar nicht so schlimm ist, wenn es mal kracht und man sich danach trotzdem wieder mit Respekt begegnet.

Grenzen sind aber nicht nur dahingehend wichtig, den Mitmenschen zu zeigen, ab wann es einem zu bunt wird, sondern auch wenn es um das Leid anderer geht. Einige der anderen jungen Depressiven haben ebenfalls eine dermaßen ausgeprägte Empathie, dass sie direkt mitleiden, wo es nur geht. So falsch sich das am Anfang auch anfühlt, muss ich wieder lernen, mich von den Problemen Dritter abzugrenzen. Um wirklich in der Lage zu sein, helfen zu können, ist es wichtig, rational an die Dinge heran zu gehen und sich nicht einzubilden, dass man so automatisch mit Scheuklappen durch die Welt renne. Solche schwarzweißen Ansichten und die Angst vor dem anderen Extrem, hatten mir früher nämlich oft die Option genommen, mein Verhalten überhaupt zu hinterfragen. Zwar ist es auch weiterhin alles andere als einfach, überall einen anständigen Mittelweg zu finden, dennoch finde ich mit der Zeit die richtige Balance, als ich mich traue, immer wieder beide Seiten auszuprobieren, wozu uns die Therapeuten auch regelmäßig ermutigen.

Leidensgenossen

Nachdem meine Selbstwertoffensive bei den jungen Depressiven mitunter auf Ablehnung stieß, schätzt die Gruppe der jungen Zwangsgestörten meine Anwesenheit umso mehr.

Zu Beginn meiner Behandlung musste ich ebenfalls ein Blatt bearbeiten, auf dem alle möglichen Zwänge gelistet waren. Erst beim genauen Durchlesen fiel mir auf, dass ich in der Vergangenheit sogar mehreres davon hätte ankreuzen können, vor allem was Gedankenzwänge anging. Inzwischen beschränkte sich das größtenteils darauf, dass ich in schwierigen Phasen häufiger vor dem Wasserhahn stand und Türklinken nur noch mit dem Ellenbogen berührte, als in Zeiten, in denen es mir gut ging. Das wurde zwar nie zu einem richtigen Zwang, dennoch waren diese Ticks stets ein Hinweis darauf, inwieweit ich die Kontrolle über mich selbst zurückgewann und nicht den ständigen Zweifeln und Bewertungen erlag. Während der Zeit in der Klinik konnte ich folglich am Verbrauch meiner Flüssigseife ablesen, wie die letzte Woche gelaufen war.

Eine der Zwänglerinnen erklärt mir bald, dass ihre Störung im Grunde genommen nur eine andere Reaktion auf Angst sei, sozusagen das Pendant zu meinem resignativen Verhalten. Den Unterschied spürt man jedoch sofort, ihre Gruppe ist wesentlich aktiver und humorvoller. Nachdem Freya gegangen ist, tut mir diese Abwechslung gut und ich schließe mich ihnen mehrmals an, als sie abends ausgehen.

„Ach, tu dir doch keinen Zwang an…", ist dabei stets deren Antwort auf alles. Dennoch zwingen sie mich beim Mexikaner Salsa zu tanzen, obwohl sie mir versprochen haben, dass ich auch nur zum Essen mitkommen darf.

Tanzen gehörte zuvor ebenfalls in die Riege von Urlaub, Genuss und Leidenschaft. Bisher konnte ich nicht wirklich etwas damit anfangen, doch langsam habe ich Spaß daran gefunden, mich zu fordern und Dinge zu tun, die ich sonst eher abgelehnt hätte.

Die Zwängler sind dafür ein gutes Vorbild. Sobald sie bereit waren, stand bei ihnen das „Flooding", eine Konfrontationstherapie, an. Dabei müssen sie sich gezielt den Reizen aussetzen, an denen sie gewöhnlich verzweifeln und in dieser Situation möglichst lange verweilen. Für jemanden der von einem Hygienezwang betroffen ist, hieß das beispielsweise ständig mit Schmutz in Berührung zu kommen und möglichst lange nicht der Versuchung nachzugeben, unter die nächste Dusche zu springen.

Auch mit Patienten, die unter sozialer Phobie leiden, also ungern im Mittelpunkt stehen und ständig starke Angst vor Ablehnung in sich herumtragen, mache ich überwiegend positive Erfahrungen. An ihnen fällt mir erneut auf, was für ein negatives Selbstbild Menschen von sich haben konnten, obwohl man ihnen als Außenstehender nichts ansah, wofür sie sich ansatzweise hätten schämen müssen.

Nun geht es langsam auf die letzten Tage des Jahres und meines Klinikaufenthalts zu. Dieses Weihnachten will ich endlich wieder einmal mit meiner Familie

verbringen und so fahre ich über die Feiertage nachhause. Außerdem möchte ich die Gelegenheit nutzen,
einen ersten Eindruck davon zu bekommen, wie ich
die gelernten Vorsätze dort umsetzen kann.

Nachdem die Weihnachtszeit für mich über die
letzten Jahre vollkommen an Bedeutung verloren
hatte, werde ich diesmal nicht enttäuscht. Das liegt
einerseits daran, dass ich direkt mit anderen Erwar-
tungen herangehe, andererseits bin ich inzwischen
weniger vom Verhalten meiner Mitmenschen abhängig und kann den Moment auch dann schätzen, wenn
nicht alles in Bilderbuchmanier abläuft.

Nach dem gemeinsamen Abendessen gehe ich an
Heiligabend mit Freunden noch etwas trinken. Später
auf dem Heimweg fällt mir etwas Besonderes auf. Es
gab an diesem Tag nicht eine Situation, in der ich
bewusst Bauchschmerzen festgestellt hatte. Das
konnte ich in den letzten sieben Jahren von keinem
anderen Datum behaupten. Es muss sich tatsächlich
etwas verändert haben.

Die letzten zwei Wochen meines Aufenthalts bestehen aus vielen Feiertagen. In dieser Zeit schaffe ich
es, langsam auch wieder ohne Schlafmittel ins Bett zu
kommen. Allein die Gewissheit im Notfall darauf
zurückgreifen zu können, macht die ganze Einschlaf-
prozedur etwas einfacher.

Über das vorletzte Wochenende wollen Emilia
und Fabian vorbeischauen. Da Freya nahe der Klinik
wohnt und die anderen Familienmitglieder gerade
Urlaub in den Bergen machen, bietet sie uns ihr Haus
als Übernachtungsmöglichkeit an. Nachdem wir ge-

meinsam mit ihr zu Abend gegessen haben, mache ich mich wieder auf den Weg zur Klinik. Vor der Abfahrt tritt mir Freya erneut alles andere als abgeneigt gegenüber, doch ich reiße mich abermals zusammen.

Der zweite Besuchstag beginnt damit, dass Emilia, Fabian und ich einen Ausflug starten. Der Tag endet damit, dass ich wegen eines platten Reifens und der Aneinanderkettung mehrerer dummer Zufälle einen Leihwagen steuere, der nur auf eine bereits angetrunkene Emilia versichert ist, ich 20 Minuten vor Schließung der Klinik noch in Freyas Haus bin und von dort aus Bescheid geben muss, dass ich es an diesem Abend nicht mehr zurückschaffe. Das dümmste an diesen Zufällen ist aber, dass ich notgedrungen in Freyas Bett schlafen werde, sie aber bereits vormittags zu ihrer Familie in den Urlaub gefahren ist.

Spätestens als ich die fast neue Karre des Automobilclubs unversichert durch die halbe Stadt fahren muss, meldet sich mein Bauch nach einigen Tagen wieder einmal so, wie ich es von ihm kenne. Da es sich aber nicht wirklich um eine Alltagssituation handelte, versichert mir meine Therapeutin am Tag darauf, dass er das in solchen Momenten ruhig mal machen darf. Und auch, dass sie es in Anbetracht der Konformität, die ich früher fast zwanghaft an den Tag gelegt hatte, beinahe als Fortschritt werten würde, wenn ich rücksichtslos die Hausordnung gebrochen hätte, nur um eine Nacht mit Freya zu verbringen. Daraufhin erkläre ich, dass das leider nicht so war.

Den Rest des Tages versuche ich mich krampfhaft davon abzulenken, dass ich zwei Abende zuvor, als Freya noch im selben Bett geschlafen hat, wegen der gleichen Hausordnung und meinem übertriebenen Anstand einfach weggefahren bin. Bald wird mir jedoch wieder bewusst, dass mir Verdrängen absolut nicht liegt. Ich habe mir vor lauter Gewissenhaftigkeit die einzige realistische Möglichkeit auf eine Nacht mit der Frau meiner Träume entgehen lassen… Bloß. Nicht. Bewerten.

Rückzug

Als meine letzte Woche in der Klinik beginnt, antwortet Freya nicht mehr auf meine Nachrichten. Erst rege ich mich eine Weile darüber auf, nehme es dann aber als Gelegenheit wahr, um zu sehen, ob ich inzwischen souveräner reagiere, wenn ich so plötzlich vor den Entzug gestellt werde.

In den letzten Gruppenstunden bekommt man jeweils Feedback von den übrigen Patienten. Hanna drückt sich dabei in Bezug auf meine Entwicklung am deutlichsten aus: "Ich finde es gut, dass du endlich auch mit allen anderen redest, von denen du am Anfang immer gesagt hast, sie würden nur über unwichtige Scheiße labern." Dabei schaue ich in die Runde und sehe die Blicke einiger, über die ich wenige Wochen zuvor tatsächlich noch gesagt hatte, sie würden nur über unwichtige Scheiße labern. „Ähm ja, danke", entgegne ich.

Im abschließenden Einzelgespräch gehen meine Therapeutin und ich nochmals die grundlegenden Punkte der vergangenen neun Wochen durch. Dabei scheint sie selbst ein wenig über meine Entwicklung erstaunt zu sein, doch ich kenne den Grund für den zügigen Wandel.

Erst vor kurzem hatte der Oberarzt den Weg aus der Depression mit der Besteigung eines Berges verglichen. Wenn es im Tal losgeht, muss man sich zuerst durch Hecken und Wälder kämpfen. Manchmal scheint der Weg endlos zu sein und es lässt sich kaum noch einschätzen, wie weit man schon vorangeschritten ist, geschweige denn, ob es überhaupt einen Ausweg gibt. Erst über der Baumgrenze gewinnt man wieder den Überblick und kann erkennen, was alles hinter einem liegt.

Und manchmal braucht man jemanden, der einem die Richtung weist, um dort hinzukommen. Das hatte meine Therapeutin zu einem Zeitpunkt geschafft, an dem ich unabhängig von Alter, Qualifikation oder Erfahrung niemandem mehr so richtig zugestanden habe, mir überhaupt noch helfen zu können. Doch irgendwie hat sie in dieser Mauer eine Hintertür gefunden, stets versucht zu verstehen, wie ich ticke, genug Einfühlungsvermögen besessen, dass ich mich verstanden gefühlt habe und gleichzeitig so viel Kompetenz mitgebracht, um mir Schritt für Schritt sagen zu können, wo ich lang gehen muss, anstatt mir nur vom Gipfel aus zuzuwinken.

Kurz vor meiner Abfahrt lässt Freya wieder etwas von sich hören und wir vereinbaren gemeinsam mit Hanna ein letztes Treffen in der Stadt. Während wir dort ein Restaurant besuchen, darf ich das berüchtigte Schwarz-Weiß-Denken am eigenen Leib erfahren. Alles, was zuvor zwischen uns gewesen ist, scheint plötzlich an Wert verloren zu haben. Immer wieder gab es jene Phasen, in denen sie sich mir deutlicher annäherte, nur um am nächsten Tag wieder auf Abstand zu bestehen. Jetzt wo sie erneut regelmäßig bei ihrem Freund war, bin ich für sie wohl schlagartig zu einem Störfaktor geworden, der zu viel Stress bedeutete und wegmusste. Anfangs ist das nur schwer hinzunehmen, aber auch das gehörte nun einmal zu ihr.

Zwei Tage später geht es nach Hause. Als ich meine Wohnungstür aufschließe, fürchte ich das Chaos, das ich zwei Monate zuvor hinterlassen hatte, doch Emilia und Fabian haben aufgeräumt und mir damit den Start in den Alltag bedeutend erleichtert. An den darauffolgenden Tagen bin ich gespannt, was nun passieren wird. In der Klinik warnten sie vor einem Loch, in dem man unmittelbar nach dem Aufenthalt zu versinken drohe. Auch wenn die neuen Verhaltensweisen halbwegs sitzen, ist es dennoch eine andere Herausforderung, sie im gewohnten Umfeld anzuwenden. Um erst gar nicht ins Straucheln zu kommen, versuche ich nahtlos zur Umsetzung überzugehen und beginne alles, was in den verschiedenen Gruppentherapien gepredigt wurde, bei meinen Freunden zu testen, wofür ich meist auch Akzeptanz erfahre. Und obwohl ich in der Vergangenheit um jeden Preis Harmonie erzwingen wollte, würde ich inzwischen nicht einmal mehr die Konfrontation scheuen, was ich auch als Fortschritt werten darf.

Dass die Veränderungen deutlicher sind, als ich erwartet habe, zeigt sich, als Fabian und ich kurz nach meiner Rückkehr Billard spielen gehen. Von außen betrachtet, ist das ein ganz gewöhnlicher Abend, doch ich kann nun erstmals feststellen, was für einen großen Unterschied es ausmacht, dass ich nicht mehr ständig der Gewohnheit verfalle, die Umgebung oder Leute um mich herum überprüfen zu müssen. Anstatt dauernd zu überlegen, was alles passieren könnte, schaffe ich es, mich ausschließlich auf das Spiel zu konzentrieren und daran Spaß zu haben.

Mit Freya halte ich anfangs telefonisch Kontakt. Ab und zu kommt dabei wieder verstärkt eine Seite an ihr zum Vorschein, die ein gewisses Interesse an mir bekundet, wenig später aber meist alles zurücknimmt. Obwohl ich mehr von ihr will, gebe ich mich deswegen bald mit Freundschaft zufrieden. Außerdem helfe ich ihr manchmal sogar in Beziehungsfragen und das widerspricht schlichtweg allem, was ich in der Klinik gelernt habe. Eine Zeit lang hoffe ich darauf, dass der Teil in ihr, der offensichtlich etwas für mich übrig hat, die Oberhand gewinnt, doch irgendwann spüre ich, dass mich solch ein Verhältnis, in dem ich meine eigenen Bedürfnisse verleugnen muss, zu viel Kraft kostet. Einige Tage später erklärt auch Freya selbst, dass sie ihren Freund nicht länger anlügen möchte, woraufhin wir den Kontakt abbrechen.

Anfangs tröstet mich der Gedanke, dass es wohl der richtige Schritt ist, unter jenen Umständen loszulassen, dennoch habe ich bald arg damit zu kämpfen, von heute auf morgen wieder komplett auf diesen Menschen verzichten zu müssen. Irgendwo sind wir doch mehr als einfach nur Freunde gewesen.

Die ersten Tage sind wie immer die schwersten. Mein Kopf erzählt mir etliche Stories, wieso ich mich vielleicht doch lieber melden und eine Einigung finden sollte, Hauptsache, ich verliere sie nicht. Dabei verspüre ich den ersten richtigen Stress, dem ich seit dem Klinikaufenthalt ausgesetzt bin. Um mich zu beruhigen, muss ich erst einmal inne halten und durchgehen, was in solchen Situationen zu tun ist.

Wer fliegen will, muss springen

Egal wie weit ich vorangeschritten war, die Panik vor dem Entzug von Nähe und Sicherheit, dem ich stets mit allen möglichen Vermeidungstaktiken entfliehen wollte, holte mich immer wieder ein. Dass der Umstand, Freya nicht bei mir haben zu können, erneut alles unverhältnismäßig farblos erscheinen ließ, machte deutlich, dass die Angst noch immer viel zu viel Gewalt über mich hatte. Dennoch spürte ich eine noch nie dagewesene Distanz zu dieser Furcht. Nie war die Wunde, die sich in solchen Situationen auftat, kleiner als in diesem Moment. Und ich will keine Pflaster mehr darüber kleben. Sie soll endlich verheilen und ich habe in der Klinik gelernt, wie ich sie mit Konfrontationen und neuen Erfahrungen zumindest flicken kann.

Um den Prozess zu beschleunigen, nehme ich mir vor, dieses Mal allein in den Norden zu reisen. Früher wäre mir das nie in den Sinn gekommen, aber jetzt fahre ich fort, weil ich es will, wohin ich will. Nicht um jemandem zu zeigen wie schön es dort ist, nicht um mit Freunden Spaß zu haben, sondern nur für mich.

Zuhause plane ich ein wenig, was ich dort unternehmen könnte, doch in erster Linie möchte ich die Dinge auf mich zukommen lassen, ohne wieder dem Drang nachzugeben, alles kontrollieren und durchplanen zu müssen. Auf jeden Fall will ich wandern gehen, erfahren wie sich ein Urlaub anfühlt, wenn ich auf mich selbst gestellt bin, Norwegisch üben und vor allem, mich selbst weiter kennen lernen. Da ich erst vor ein paar Wochen damit angefangen habe, gibt es einiges nachzuholen.

Wenige Tage später geht es los. Nun war ich schon zehn Mal dort und habe noch nie wirklich mit einem Norweger gesprochen. Als ich auf der Fähre ein Mädchen sehe, das ungefähr in meinem Alter sein muss und ebenfalls alleine zu reisen scheint, erinnere ich mich an die Übung aus dem Selbstsicherheitstraining, der ich bisher stets aus dem Weg gegangen bin: „Sich zu einer fremden Person setzen und für zehn Minuten ein Gespräch führen." Sie sieht ziemlich gut aus, das erhöht den Schwierigkeitsgrad enorm. Dennoch schaffe ich es, mich zusammenzureißen und gehe auf sie zu. Naja, „zusammenreißen" klingt zu sehr nach Anstrengung. Vielmehr nehme ich tief Luft und denke mir endlich mal - Scheiß drauf, es gibt tatsächlich nichts zu verlieren.

Entgegen meinen Befürchtungen, bin ich während der Unterhaltung sogar recht gelassen. Dabei stelle ich mitunter bescheuerte Fragen, die die Verkehrsregeln angehen, aber inzwischen habe ich es drauf, keine Gedanken mehr daran zu verschwenden, wie ich bei meinem Gegenüber ankomme. Erst nach einer halben Stunde, kurz bevor die Fähre anlegt, verabschiede ich mich wieder und bin mit mir selbst äußerst zufrieden. Darüber hinaus habe ich nun die Gewissheit, dass es dort tatsächlich umgerechnet über 200 Euro Bußgeld kostet, wenn man die zulässige Höchstgeschwindigkeit um 6 km/h überschreitet. Das macht direkt Lust auf die Weiterfahrt.

Mein erstes Ziel ist die Westküste. Ganz oben auf der Liste steht die Wanderung zum Preikestolen, einem Felsvorsprung, an dem es 600 Meter steil nach unten geht. In meiner Kindheit waren wir oft an Klippen und ich fand es immer beeindruckend, ganz nah am Abgrund zu stehen und den Wellen zuzuschauen. Wenn ich mir diese Erinnerungen ins Gedächtnis rufe, lösen sie jedoch unnatürlich starke Angstgefühle aus. Die Gefahr herunterzustürzen ist in diesen Vorstellungen viel größer, als sie das in den Situationen damals tatsächlich war. Im Zuge meiner Entwicklung will ich genau solche Gedanken überprüfen und bewusst dorthin gehen, wo es unangenehm wird.

Da es erst Ende März ist, sind noch viele Teile des Landes schneebedeckt und auf dem riesigen Parkplatz, an dem die Wanderung beginnt, stehen nur drei Autos, deren Besitzer sich wahrscheinlich im anliegenden Campingbereich aufhalten. Eigentlich hatte ich erwartet, dass mehr Leute unterwegs sein würden.

Auf den ersten Schritten nach oben, ist inmitten des Weges ein Warnschild aufgestellt, welches dazu appelliert, in dieser Jahreszeit besonders vorsichtig zu sein, da noch einige Stellen glatt sein können. Während ich mir das Geschriebene durchlese, spüre ich, wie sich wieder die ersten Befürchtungen breit machen. Was mir dort oben wohl alles passieren könnte? Direkt laufen in meinen Gedanken Horrorszenarien ab, in denen ich am Abhang abrutsche oder an der Klippe zu unvorsichtig bin. Als würde mich mein Verstand allein schon davon abhalten wollen, überhaupt nur in die Nähe einer Situation zu kommen, in der ich die falsche Entscheidung treffen könnte. Inzwischen ist mein Blick für solche gedanklichen Abläufe jedoch so geschult, dass ich weiß, wie ich der Angst entgegentreten muss, damit sie mich nicht lähmen kann. Es dauert einige Sekunden, bis ich die verschiedenen Techniken angewendet habe, doch dann verpuffen die furchteinflößenden Bilder und dazugehörigen unangenehmen Gefühle fast von selbst und meine Aufmerksamkeit gilt nur noch den Felsen, über die ich in diesem Moment klettere. Außerdem bin ich mir darüber im Klaren, dass ich es nicht auf die Spitze treiben muss. Wenn ich merke, dass es zu gefährlich werden sollte, kann ich jederzeit umkehren. Entscheidend ist, dass ich von nun an nicht mehr aufgrund meiner Interpretationen einknicke, wenn ich noch nicht einmal weiß, was überhaupt auf mich zukommt und das Risiko überschaubar ist.

Nach einem Drittel des Weges wird deutlich, dass Wandern ein ziemlich breit gefächerter Begriff sein kann. Vielleicht liegt es daran, dass einige Stellen noch vereist sind, mitunter muss ich mich jedoch mit den Beinen in Ästen einhaken und mit den Armen mein komplettes Gewicht nach oben ziehen, um weiter zu kommen, aber es macht auch Laune.

Einige Laufminuten später entdecke ich im Schnee einen Pfotenabdruck. Er ist so breit, wie der eines Stiefels daneben und hat relativ ausgeprägte Krallen. Für einen Hund scheint das allemal zu groß zu sein. Ich weiß, dass es in Skandinavien Wölfe und vereinzelt Bären gibt, denke aber, dass die sich eher im Norden tummeln. Dennoch kann ich spüren, wie mein inneres Panikprogramm in Stellung geht. Das

Herz schlägt schneller, die Sinne werden schärfer und plötzlich hört man es hinter jedem Busch knacken. Anstatt meiner Angst jedoch Zugeständnisse zu machen, kann ich mit den gelernten Defusionsübungen erneut Abstand zu den Gedanken herstellen und entscheide mich gegen die Panik und für die Kontrolle über mich selbst.

Klamottentechnisch bin ich gut ausgerüstet, aber noch so kompakt, dass ich rennen kann. Als sich die vereisten Stellen häufen, muss ich mit Geschwindigkeit von Fels zu Fels springen und es ist richtig fordernd, aber ich fühle mich dabei lebendig wie seit langem nicht mehr.

Bald darauf komme ich an dem Felsvorsprung an. Erst da kann ich begreifen, wie steil es dort abwärts geht und muss mich erst einmal hinknien, um eine Weile tief Luft zu holen. Die Aussicht ist schlichtweg überwältigend, aber der Wind so stark, dass ich geduckt bleiben muss, damit es mich nicht hinab fegt. Dann krieche ich bis zum Rand vor, setze mich an eine sichere Stelle und packe mein Knäckebrot aus. Während ich den Krümeln dabei zuschaue, wie sie über einen halben Kilometer nach unten bröseln, bröseln langsam auch meine Bedenken dahin. In meinen Gedanken wühle ich nach den ganzen Ängsten, die mich sonst immer von allem, was nicht hundertprozentig sicher erscheint, abhalten wollen, aber sie haben dem nicht viel entgegenzusetzen. Noch nie war ich an so einem extremen Ort, wo es dermaßen wütet, dass ich teilweise auf allen Vieren kriechen muss. Doch mit jeder Sekunde werde ich ruhiger und traue mich, meinen Kopf noch weiter über die Klippe zu recken.

Als ich ausgeruht bin, entdecke ich einen Weg, der noch ein Stück weiter nach oben führt und von da einen Ausblick auf den Felsvorsprung geben soll. Um dort hinzukommen, muss man allerdings an der Felswand entlang laufen. Einen Augenblick denke ich darüber nach, entscheide mich dann aber aufgrund der Wetterbedingungen dagegen. Für den Moment reicht es mir. Es war bestimmt nicht das letzte Mal, dass ich hier her gekommen bin und für mich war es ein bedeutender Fortschritt. Ich muss lernen, jede Steigerung anzuerkennen.

Auf dem Rückweg bin ich etwas unvorsichtiger und rutsche auf den vereisten Stellen mehrmals aus, bis es mich komplett von den Füßen holt. Von wegen man stolpert über die kleinen Steinchen. Kurioserweise fühlt sich der Schmerz aber nicht einmal unangenehm an. Vielmehr erinnert es mich an lang vergangene Tage, als es in der Kindheit völlig normal war, beim Fußballspielen und Klettern ständig hinzufallen und den eigenen Körper noch richtig zu spüren.

Nachdem ich die Hälfte des Abstiegs hinter mir habe, kommen erstmals Leute entgegen. Es ist ein junges Paar, deren Kleidung eher nach Freizeit und Joggen als nach Outdoor-Ausrüstung aussieht und sie haben einen Hund dabei. In meiner Arktis-gerechten Wandermontur eingepackt, komme ich mir erst ein wenig overdressed vor, mit jemandem der sich traut hier oben Gassi zu gehen, sollte ich mich generell aber lieber nicht vergleichen.

Stadt, Land, Fluss

Am nächsten Tag fahre ich nach Stavanger, wo ich mich weiter fordern will. Im Internet habe ich von einem Verein gelesen, über den sich zugezogene Ausländer einmal die Woche verabreden, um zusammen Norwegisch zu üben. Per E-Mail frage ich nach, ob ich kurzfristig dazustoßen könnte und darf den Mittag zusammen mit vier Frauen bei Kaffee und einer Runde „snakke norsk" verbringen. Clever wie ich bin, habe ich mir im Vorfeld etliche norwegische Wörter zusammengeschrieben, vergaß aber Bindewörter wie „bis" oder „mit" zu notieren. Damit funktioniert das Sprechen ungefähr so gut, wie einen Schrank ohne Schrauben aufzubauen. Doch unabhängig davon geht es mir ja eher darum, dass ich überhaupt an so etwas teilnehme und mehr über die hiesige Lebensweise erfahre, anstatt die ganze Zeit nur für mich selbst zu bleiben.

Am Abend verlasse ich die Stadt und laufe am nahegelegenen Strand entlang. In meinen depressiven Phasen hat es mich in den Jahren zuvor stets an diesen Ort gezogen. Man steht an der Nordsee und kann hinter sich gleichzeitig das Gebirge am Horizont sehen. Irgendwo zwischen den Extremen des Meeres und der Berge, aber dennoch so sicher wie möglich und weit weg von allen Sorgen war das immer eine Zuflucht, die beeindruckend genug war, um über das Chaos in mir hinwegzutrösten. Diesmal hingegen lasse ich ihm seinen freien Lauf. Als die Sonne untergeht und der Himmel langsam dunkel wird, gibt es

keinen Ort, der besser geeignet wäre, um seine Sehn-
süchte auszuquetschen und so darf erst einmal einiges
von dem Frust raus, der mich hier hin getrieben hat.
So gesehen war das mein erster anständiger Liebes-
kummer - mit 25. Aber der ist allemal besser als die
Taubheit, die in den Jahren zuvor in mir geherrscht
hatte.

In den Tagen darauf fahre ich ins Gebirge. Da ich
quasi den kompletten Tag unterwegs bin, habe ich
viel Gelegenheit zum Nachdenken und kann mich
gemächlich mit der Realität anfreunden. Und wenn es
mir zu bunt wird, steige ich einfach aus und lasse
mich von der Landschaft beeindrucken, anstatt in
dem Strudel zu versinken, der mich zuhause auf meiner Couch erwartet hätte. Das ist fast idiotensicher.
Zwischendurch lege ich mich auf die Rückbank,
klimpere auf der Gitarre herum oder schreibe in mein
Positivtagebuch. Nach einer Woche intensivster Auseinandersetzung mit meinen Gefühlen und Sehnsüch-
ten fühle ich mich bereit, die Heimreise anzutreten.

Auf dem Weg nachhause schaue ich in Berlin vorbei.
Zunächst treffe ich mich mit Louis und wir besuchen
einen Leseabend. Als ich das Treiben auf der Bühne
beobachte, denke ich darüber nach, wie wohl der
Weg der Darsteller ausgesehen haben muss, bevor sie
sich dort hoch getraut haben. Die meisten von ihnen
sind wohl über 30 und sie hatten bestimmt nicht von
Anfang an solch eine Selbstsicherheit. Um weiter an
mir zu arbeiten, registriere ich es als nächsten logi-
schen Schritt, mich in dieser Form zu konfrontieren.
Irgendwann muss ich mich das auch einmal trauen

und es auf einer Anfängerbühne versuchen. Vorher darf ich mich nicht zufrieden geben.

Als ich an diesem Abend im Bett liege, schreibe ich mir einige Gedanken dazu auf, um zu sehen, in welche Richtung so etwas gehen könnte. Früher hatte ich es gehasst, meine eigenen Worte zu lesen. Allein mit dem Positivtagebuch zu beginnen, kostete mich einiges an Überwindung. Beim Schreiben kommt mir der Gedanke, auch einige Erkenntnisse aus der Zeit in der Klinik zu notieren. Zwar kann ich vieles in den Situationen selbst abrufen, auf Dauer will ich aber einen genaueren Überblick. Anhand von Beispielen aus der Vergangenheit, versuche ich deswegen zu rekonstruieren, wie sich alles entwickelt hat.

Von dem Tag an schrieb ich dieses Buch und versuchte alles, was für mich relevant war, darin festzuhalten. Erst durch das Ausgraben der alten Geschichten erkannte ich, wie letztendlich eines zum anderen geführt hatte und dass es anscheinend doch möglich war, sich auch aus dem tiefsten Loch herauszuziehen und ich das wirklich geschafft habe.

Zwangsläufig bedeutete es auch, dass ich mich nochmals mit der Sache um Freya auseinandersetzen musste. Lange hatte ich mir selbst vorgeworfen, ihr gegenüber keinen offensiveren Kurs gefahren zu sein. Es war offensichtlich, dass sie mir etwas geben konnte, was ich nur selten finden werde und ich wusste, dass ich ihr mehr bedeute, als sie sich das eingestehen durfte. Doch jemandem, der ständig unter Verlustangst leidet, immer wieder mit dem Abschied zu drohen oder anderweitig unter Druck zu setzen, hatte ich damals nicht übers Herz gebracht. Und darüber bin ich sogar froh. Denn das bin ich und das will ich sein. Auch wenn ich meinen zwischenmenschlichen Kurs einige Zeit suchen musste, erkenne ich immer besser, was mich ausmacht, wo ich mich wohl fühle und welchen Weg ich gehen will. Anstatt mir wie in meinen Befürchtungen durch irgendeine „Gehirnwäsche" selbst untreu geworden zu sein, kann ich erst jetzt, wo mich meine Ängste nicht mehr beherrschen, erkennen wer ich eigentlich bin.

Der Gedanke an Freya und dass sie mich so schnell aus ihrem Leben streichen konnte, hat mich anfangs zwar gequält, doch irgendwann erinnerte ich mich wieder an den Moment, in dem schon alles zu spät schien. Als ich über Monate kraftlos, voller Hass, Verzweiflung und Medikamente im Bett lag und einsehen musste, dass aus mir wirklich das geworden war, was keiner werden will. In dieser Zeit hätte ich nie gedacht, dass ich je noch einmal das Glück haben würde, solche Gefühle für jemanden empfinden zu dürfen und dass derjenige es sogar für einige Augenblicke erwidern wird. Mit jedem einzelnen Schritt, jeder Konfrontation, jeder Aufarbeitung und jedem Heulkrampf habe ich mich an diese Momente herangearbeitet. Wenn ich nun die Vergangenheit und Gegenwart miteinander vergleiche, wird mir erst bewusst, wie viel tatsächlich in den eigenen Händen liegt.

Es hat lange gedauert, wieder das nötige Vertrauen schöpfen und nach vorne schauen zu können und auch der Faktor Zeit hat dabei sicher eine wichtige Rolle gespielt. Irgendwann hatte ich schlichtweg nicht mehr daran geglaubt, dass noch einmal etwas gut laufen soll. Die Erwartung des Unglücks war so ausgeprägt, selbst wenn für einen Moment etwas Gutes aufflackerte, hatte ich nur Angst davor, es im nächsten Augenblick wieder zu verlieren. Manchmal kam es mir sogar so vor, als würde ich unglaubwürdig gut verlaufende Situationen absichtlich zerstören wollen, Hauptsache, ich muss sie nicht wieder unkontrolliert einstürzen sehen. Wenn man stets auf Vorsicht gepolt war, ist es eine unerwartet schwierige Herausforderung, endlich glauben zu dürfen, dass eben doch nicht hinter jeder Ecke das Verderben lauert. Doch genauso, wie ich diesen ängstlichen Blick über die Jahre versiert hatte, kann ich feststellen, wie neue, positive Erlebnisse das Gegenteil bewirken, mir langsam wieder die Augen öffnen und ich mich manchmal sogar rein von der Zuversicht antreiben lassen kann. Und auch davon, dass man sich im Leben immer zweimal sieht.

Freundschaft III

Seit meinem Klinikaufenthalt ist nun fast ein halbes Jahr vergangen. Woche für Woche habe ich versucht weiter an mir zu arbeiten, um im Herbst nochmals das Fachabitur anzugehen. Auch wenn ich mich manchmal dabei erwische, wie ich kurzzeitig in alte Muster verfalle, darf ich mir inzwischen sicher sein, dass die Verbesserungen nicht nur einem kurzzeitigen Placebo-Effekt geschuldet waren. Ohne Medikamente oder Therapie kann ich nun seit einigen Monaten wieder richtig essen, schlafen und am wichtigsten von allem, von der Zukunft träumen.

Derweil hat mich eine Freundin aus der Zwangsgruppe, die in der Nähe der Klinik wohnt, zu ihrem Geburtstag eingeladen. Seit meinem Aufenthalt ist es das erste Mal, dass ich wieder in diese Richtung fahre und somit auch in Freyas Schlagdistanz komme. Zuhause setze ich mir nur eine Sache in den Kopf: Egal, was passiert, bloß nicht bei ihr melden! Allerdings würde ich auf dem Rückweg gerne meine Therapeutin besuchen. Da Freya den Plan hatte, die Klinik nur testweise zu verlassen, um die Therapie ein halbes Jahr später fortzusetzen, frage ich Hanna ob sie genaueres dazu weiß und erfahre kurz darauf, dass Freya tatsächlich wieder dort ist und nun auch von meiner ehemaligen Therapeutin behandelt wird. „Nur nicht bei ihr melden!", lalle ich mir stundenlang selbst vor, bis ich es letzten Endes nicht mehr aushalte und ihr eine SMS schreibe.

„Gibst du mir morgen eine halbe Stunde, damit ich mal einen anständigen Schlussstrich ziehen kann?" tippe ich. „Ja, bekommst du", antwortet sie, und wir einigen uns auf 14 Uhr in der Cafeteria der Klinik.

Auf dem Weg zu unserer Therapeutin schaue ich am nächsten Morgen um jede Ecke, damit ich Freya nicht schon vor unserer Verabredung begegne. Während ich vor dem Sprechzimmer auf das Ende der laufenden Therapiesitzung warte, hoffe ich außerdem, dass nicht ausgerechnet sie gerade dort drin sitzt. Als ich von der Seite Schritte höre und die sich nähernde Person plötzlich neben mir stehen bleibt, habe ich jedoch Gewissheit, dass das mit dem Versteckspiel nicht ganz so gut geklappt hat.

„Hä, hast du einen Ansatz?", frage ich Freya.

„…ist das die erste Frage die du mir stellst?" Schweigen.

„Moment, beginnt meine halbe Stunde jetzt schon?", frage ich.

„Ich weiß nicht", sagt sie, „kommt darauf an, in welche Richtung das hier läuft."

„Das geht nicht, ich muss mir eine Liste mit Diskussionspunkten zusammenstellen und bin erst ab 14 Uhr bereit!", erkläre ich.

Kurz darauf kommt eine Patientin aus dem Sprechzimmer und ich kann hinein. „Nicht wieder weglaufen!", ermahne ich Freya, als ich die Tür hinter mir schließe.

Es ist ein seltsames, aber gutes Gefühl in meinem jetzigen Zustand auf dem gleichen Stuhl zu sitzen, an dem ich mich während der nervenaufreibenden Therapiesitzungen so oft festgeklammert habe. Nachdem ich meiner Therapeutin von den letzten Monaten und meinen Fortschritten berichtet habe, verabschieden wir uns wieder herzlich. „Ein letztes Laster habe ich noch", erkläre ich, „das sitzt gerade vor der Tür." Die Therapeutin lacht und wünscht mir viel Glück.

Nachdem ich das Zimmer verlassen habe, mustere ich Freya etwas genauer. Sie hat sich ganz schön verändert. Von dem stolzen Dickkopf ist nicht mehr viel zu sehen. Und statt der erwarteten kalten Schulter nehme ich nach ein paar Minuten fast so etwas wie Anhänglichkeit wahr. In vorsichtigen Wortwechseln tasten wir uns an ein Gespräch heran, machen nach kurzer Plänkelei aber genau da weiter, wo wir vor einem halben Jahr aufgehört haben. Wir fahren in der Gegend herum, trinken in der Cafeteria Tee und ich schwärme den ganzen Tag davon, wie gut wir zusammenpassen. Erst als es auf den Abend zugeht, schaffe ich es mich loszureißen. „Ein bisschen vermisse ich dich schon", zwingt sie sich noch über die Lippen, als wir uns zum Abschied umarmen. Das war nicht der Schlussstrich, den ich mir vorgestellt hatte.

Als ich wieder zuhause bin und mir den Tag nochmals durch den Kopf gehen lasse, komme ich kaum zur Ruhe. So entmutigt und fast klammernd hatte ich sie noch nie erlebt. Da ich mich nun erneut weder Pro noch Contra Freya entscheiden kann, beschließe ich, ihr am Tag darauf einen weiteren Besuch abzustatten. Diesmal jedoch ohne mich vorher anzukündigen. Am Abend bevor ich losfahre, schreibt sie mir sogar, dass sie sich am Vortag seit langem wieder einmal akzeptieren konnte, als sie in den Spiegel geblickt hat.

Kurz nach meiner Ankunft am nächsten Morgen passe ich Freya vor dem Frühstück ab.

„Was machst du denn hier?", fragt sie mich mit großen Augen.

„Nichts, Urlaub…", antworte ich.

„Du fährst wieder, sofort!"

„Keine Chance auf 'nen Tee?", frage ich.

„Nein!"

Daraufhin muss ich kurz in mich gehen. War das nicht in 98% der Fälle so, dass immer, wenn es ihr zu nah wurde, sie sich in den darauffolgenden Tagen komplett von mir abgewandt hat? Doch, da dämmert mir etwas.

„Das ist die Reaktion, die ich vorgestern erwartet hatte…", versuche ich mich zu rechtfertigen.

„Keine Ahnung, was da wieder mit mir los war", sagt sie.

Dann erklärt sie, dass sie sowieso keine Zeit habe, da den ganzen Tag über Termine und mittags eine Therapiestunde anstünden. Es braucht noch einige Sätze, bis bei mir endlich ankommt, dass das hier eine dumme Idee war. Für 30 Minuten Diskutieren bin ich fast vier Stunden angefahren und die darf ich nun auch wieder zurück. Zum Ende einigen Freya und ich uns darauf, dass dies nun jener Schlussstrich war, den ich mir anfangs gewünscht hatte und ich fahre mit gemischten Gefühlen nach Hause. Wenn sie wirklich so entschlossen und stark ist, wie ich sie gerade erlebt habe und es bisher auch von ihr gewohnt war, kann ich sie wenigstens guten Gewissens sich selbst überlassen.

Platz für Schweres III

Um mich abzulenken, fahre ich am Nachmittag direkt zu Emilia. Da ich nicht wieder ganz ohne Kontakt zu Freya bleiben will, schreibe ich ihr eine SMS um zu sehen, ob sie meine Nachrichten überhaupt noch erwidert. Überraschenderweise antwortet sie, dass ihre Therapiestunde ziemlich anstrengend gewesen sei und sie darin erstmals unser Verhältnis sowie die immerwiederkehrende Zuneigung und Anhänglichkeit mir gegenüber angesprochen habe, genauso wie die Tatsache, dass ich scheinbar der einzige bin, der ihr ein gewisses Gefühl von Bestätigung vermitteln kann. Daraufhin beschließen wir, am Abend zu telefonieren.

Als ich während dieses Gesprächs, welches den kompletten Kontrast zu unserer Unterhaltung am Vormittag darstellt, heraushören kann, dass hinter Freyas wechselhaften Verhalten doch mehr zu stecken scheint, habe ich schon längst einen Plan geschmiedet. Lange war ich mir unsicher, ob ich mir das von Anfang an alles nur eingebildet hatte, doch nun habe ich Gewissheit. Seitdem ich sie kenne, schien zwischen jedem „Tschau" ein „Bleib" zu stecken, jede Umarmung fühlte sich an, als ob sie mich am liebsten festhalten wollte und manchmal schienen ihre Annäherungen mehr Hilfeschrei als alles andere zu sein. Während ich mir in den letzten Monaten damit geholfen hatte, mir meine Defizite zu „erlauben", um sie dann nacheinander überarbeiten zu können, gehörte sich selbst Schwäche zuzugestehen absolut nicht zu ihren Stärken.

Es ist einige Zeit her, dass ich der Versuchung ausgesetzt war, jemandem tatkräftig unter die Arme zu greifen. Zwar hatte ich mir geschworen, dass ich mich nie mehr in eine Lage bringen würde, wie ich sie bei Daryna und Emilia provoziert hatte, da ich die letzten Monate aber fast ausschließlich für Konfrontationen genutzt habe, will ich mich auch dieser Situation stellen und sehen, ob ich bestehen kann.

Am nächsten Morgen erkläre ich Freya, dass ich sowieso Urlaub in der dortigen Umgebung machen wollte und mich dabei hin und wieder auch in der Nähe der Klinik befinden werde. Falls sie das Gefühl habe, jemanden zu brauchen, dürfe sie mich rufen, ich würde jedoch stets weit genug entfernt sein, so dass dieses Angebot komplett unverbindlich bleibe. Freya antwortet, dass sie sich unsicher sei und höchstens alle 14 Tage Zeit hätte. Dennoch bleibe ich bei meinem Vorhaben, beginne am nächsten Tag unseren Kleinbus in eine mobile Unterkunft umzubauen und fahre eine Woche später erneut zu ihr.

Nachdem der erste gemeinsame Tag etwas holprig verläuft, bin ich mir nicht sicher, ob sie sich überhaupt nochmal melden wird, letzten Endes verbringen wir aber fast vier Wochen miteinander. Anfangs fließen dabei noch einige Tränen, doch meistens liegen wir einfach nur da und ruhen uns aus. Nicht wie ein Paar, aber auch nicht wie Freunde. Eher wie zwei Rastlose, die sich in der gegenseitigen Akzeptanz für das, was die Zeit und zu viel Angst aus ihnen gemacht haben, zurücklehnen dürfen.

Während dieser Zeit kann ich besonders deutlich erkennen, was mir in der Vergangenheit stets zum Verhängnis geworden war. Wieder führte anfangs guter Wille dazu, dass ich die Gefühle einer anderen Person über die eigenen stellte und somit nur noch reagierte, anstatt selbstbestimmt zu handeln. Je mehr ich mich selbst vergaß, desto schlechter ging es mir, und dieses Loch schien bodenlos zu sein.

Nach diesen Wochen trennen sich unsere Wege erneut. „Du siehst ganz schön scheiße aus", bekräftigt Freya an ihrem letzten Tag in der Klinik die Wahrnehmung meines eigenen, als auch ihres Zustands. Die große Klappe und ihre überzeugend vorgetragenen Liebesbekundungen à la „Gut, dass du ab morgen weg bist!" bestätigen mir, dass vor mir wieder die Person stand, für die ich mich vor einigen Monaten begeistern konnte. Doch nicht nur deswegen fällt das „Tschau" diesmal etwas leichter als sonst. Egal ob wir nun beschließen würden Freunde zu bleiben, den Kontakt abzubrechen oder in fünf Jahren zu heiraten, inzwischen hatte ich verinnerlicht, was mir meine Therapeutin regelmäßig begreiflich machen wollte: „Überlegen Sie, ob Sie immer sofort auf alles eine Antwort brauchen. Es kommt, wie es kommt."

Schlusswort

Eigentlich war es schon immer da, dieses bedrohliche Gefühl, wie ein Schleier, der so unauffällig in verhängnisvolle Bahnen lenkt, dass man schon bis zum Hals drinsteckt, bis man es endlich begriffen hat. Meist begann es mit einer harmlosen Tendenz zum Grübeln, ehe ich mich versah, steckte ich jedoch wieder in jener in doppelter Hinsicht unerklärlichen Trübseligkeit. Einerseits weil ich nicht verstehen konnte, wo diese Schwermut so plötzlich herkam, andererseits aufgrund des verstörenden Gefühls, niemandem begreiflich machen zu können, wie schlimm sich das gerade in mir anfühlte. Manchmal war ich dabei lediglich kraftlos, andermal in einem viel zu „wachen" und analysierenden Bewusstseinszustand, während alle um mich herum diese beunruhigende Ruhe ausstrahlten. Was dabei in mir vorging, ließ sich nicht anhand einer Skala erklären, auf der man zwischen null und zehn herumrutscht. Vielmehr bewegte ich mich mit meinen Gedanken in verschachtelten Geflechten aufeinander aufbauenden Ebenen, die ihre ganz eigenen Gesetze hatten. Ab und zu schien es, als könnte ich dem Ende des Tunnels irgendwie näher kommen, nur um dann erkennen zu müssen, dass es sich dabei um das Bruchstück eines viel komplexeren Konstrukts handelte.

Mit diesem Labyrinth im Labyrinth gaukelte mir die Depression jahrelang eine Sinn- und Hoffnungslosigkeit vor, über die es sich kaum hinweg trösten ließ, als hätte ich vergessen, dass es je gute Zeiten gab. Gefühle, Stimmung und die Überzeugung, sich nicht aus der Situation befreien zu können, fühlten sich in diesen Momenten so echt an, dass ich glaubte, jeden Augenblick wieder am Boden aufzuschlagen. Gleichzeitig versuchte ich immer angestrengter mit meinem Fernglas jegliches Unglück früh genug zu entdecken, bis ich um mich herum letztendlich alles übersah, was das Leben ausmacht. Nähe, Wärme, Süßes, Saures, Albernheit, Austausch, schöne Melodien, der Geruch von frisch gemähtem Gras, im Bett liegen, wenn es aufs Dachfenster regnet oder nur in den Arm genommen zu werden. In Anbetracht der bevorstehenden potentiellen Gefahr, wurden sämtliche Dinge schlichtweg unwichtig, während ich jedem halbwegs besorgniserregenden Ereignis meine komplette Aufmerksamkeit widmete. Zwangsläufig geriet ich aus dem Gleichgewicht, die Bedürfnisbefriedigung artete zur Betäubung aus und eine Zeit lang war alles vergessen. Doch irgendwann kam die Reue. Und bald darauf diese seltsame Tendenz zum Grübeln.

Der Ausflug zu Freya hatte damals etwas deutlich gemacht: Egal wie gut es mir geht, egal wie stabil ich in einem Moment auch sein mag, wenn ich die gelernten Regeln zu lange missachte, wird meine Stimmung nie einfach bei null liegen bleiben, sondern stets in einen Negativbereich abfallen, in dem ich wieder krank werde. Jahrelang dachte ich, die Depression sei mehr oder weniger ein Geschwür, das ich irgendwann loswerden kann. Stattdessen muss ich sie viel mehr als einen Modus betrachten, in den ich immer wieder hineinfalle, wenn ich aufgrund zu vieler besorgniserregender Einflüsse keine Alternative mehr sehe. Es nutzt nichts, stur auf einen Punkt hinzuarbeiten, von dem ich mir früher die vollkommene Genesung erhofft hatte. Vielmehr muss ich dafür sorgen, dass zwischen dem, was wohltuend und dem, was krankmachend auf meine Psyche wirkt, stets ein Gleichgewicht herrscht und so die Chance auf eine Wiederkehr der Depression, so niedrig wie möglich zu halten.

Dank der Aufarbeitung meiner Altlasten, dem besseren Selbstwertgefühl, neuen Verhaltensweisen, rechtzeitigem Erkennen und Setzen von Grenzen sowie verschiedenen Techniken wie Defusion und Achtsamkeit war es inzwischen wesentlich einfacher dem beizukommen. Darüber hinaus tat ich den verbleibenden Monaten bis zum Schulanfang alles, wovon ich wusste, dass es mich in der Vergangenheit krank gemacht hatte. Tagelang zwang ich mich in die Isolation und danach wieder unter Leute, lebte abwechselnd so unachtsam und dann wieder so achtsam wie nur möglich, opferte mich bis zur Überforderung auf und grenzte mich wieder ab. Meist resignierte ich, manchmal rastete ich aus, andermal wurde ich wiederum panisch. Doch mit jedem Mal, das ich mich in die Knie zwang, wurde ich besser darin, wieder selbstständig auf die Beine zu kommen. Trotzdem blieb die Frage, wie ich mich im Ernstfall schlagen würde.

Es ist wieder März, fünfzehn Monate nach meiner Entlassung aus der Klinik. Mein Wecker klingelt um sechs Uhr, ich mache mich fertig, gehe zum Zug und sitze eine Stunde später im Unterricht. Ohne Bauch-schmerzen und ohne Gedankenketten, dafür mit An-trieb und Zielstrebigkeit. Bisher hatte ich mich kaum getraut ein Fazit zu ziehen, doch nach über einem halben Jahr voller Verpflichtungen, Klausuren und Hausarbeiten kann ich feststellen, dass ich selbst in längeren Stressphasen immer besser bestehen kann. Zwar weiß ich, dass noch einiges an Arbeit vor mir liegt, doch die Zeit, in der ich wehrlos im Dunkeln herumgeirrt bin, ist ein abgeschlossenes Kapitel.

Das Überraschende daran ist, dass ich eigentlich jede Woche rückfällig werde. Manchmal herrschen in mir die gleichen aussichtslosen Bilder, die mich in den Jahren zuvor ans Bett gefesselt hatten und lösen dabei für einen kurzen Moment die selben zermür-benden Gefühle aus. Inzwischen habe ich aber so viel Routine darin, mir nicht nur während, sondern schon vor einem Einbruch zu helfen, so dass mich diese Gedanken kaum noch beeindrucken können. Allein wenn Situationen zu absolut scheinen, mein Verstand aus unwahrscheinlichsten Befürchtungen hundertpro-zentige Tatsachen macht oder ich mein Glück an bestimmten Bedingungen festnageln will, sind das die ersten Hinweise für mich, im wahrsten Sinne des Wortes lieber etwas achtsam zu sein.

Ab und zu gibt es zwar Phasen, in denen ich et-was zu spät bemerke, dass sich der Stress hinterrücks eingeschlichen und mir den Verstand vergiftet hat. Und manchmal lasse ich mich auch von dem Gefühl täuschen, dass sich eine Gegenwehr sowieso nicht lohnen würde. Doch wenn ich es in diesen Momenten schaffe mir Laufschuhe anzuziehen und nur ein paar

Meter gegen das Gefühl der Machtlosigkeit anrenne, sind das die gleichen ersten Schritte, die mich bis hierhin kommen ließen.

„Loslassen, der Weg ist das Ziel, nutze den Tag." Unendliche Male sind mir beim Durchforsten von Webseiten, die sich mit Depressionen auseinandersetzten, solche Sprüche begegnet und sie waren mir stets ein Rätsel. Natürlich verstand ich ihre Bedeutung, aber es war mir schleierhaft, wie man in die Umsetzung übergehen soll und das Leben endlich zu schätzen beginnt, anstatt immer nur Augen dafür zu haben, was fehlt, was bei anderen besser ist oder was man alles verlieren könnte. Nach fast einem Jahrzehnt unfreiwilliger Auseinandersetzung mit solchen Themen, ist die Erkenntnis, dass man dem mit weniger Bewerten, weniger Vergleichen und stattdessen einem umso achtsamerem Erleben, tatsächlich näher kommen kann, vielleicht das Wichtigste, was ich aus dieser Zeit für mein späteres Leben mitnehme.

Meine Schwester hingegen hat das alles nie gebraucht und gleichzeitig viel mehr aus sich gemacht, als es ihr je jemand zugetraut hätte. Obwohl ich gefühlt immer alles besser wusste, war sie mir darin, das Leben zu bewältigen, seit jeher einen Schritt voraus. Aber sie hat sich eben nie darauf versteift irgendwo anzukommen oder einen sicheren Weg durch die Widrigkeiten zu finden, sondern stets ihre Schrittgeschwindigkeit akzeptiert, auf ihre Balance vertraut und begriffen, dass man nicht über Wolken am Horizont nachdenken muss, wenn einem die Sonne ins Gesicht scheint.

Melancholia

Als ich vor kurzem den Vortrag eines Psychiaters zum Thema psychische Erkrankungen bei Kindern und Jugendlichen besucht hatte, ist mir ein Satz besonders in Erinnerung geblieben: „Als sich Robert Enke das Leben nahm, hat die Öffentlichkeit plötzlich gemerkt, dass Depressive gar keine Verrückten sind, sondern ganz normale Menschen aus unseren eigenen Familien und Freundeskreisen."

Tatsächlich liegt der Tod von Robert Enke quasi genau inmitten meiner negativen und positiven Erfahrungen, die ich beim Thema Depressionen vor allem mit Lehrern und Ärzten gemacht hatte. Während ich mich vor sieben Jahren fast noch dafür rechtfertigen musste, dass mich bestimmte Dinge an meine Grenzen brachten, erkenne ich bei meinem Gegenüber inzwischen überwiegend Vorsicht, sobald wir auf meine Probleme zu sprechen kommen.

Obwohl ich anfangs Angst vor einem „psychisch krank"-Stempel hatte, sehe ich die Verleugnung meiner Vergangenheit inzwischen als so viel Stress und damit auch Nährboden für die Depression an, dass ich erst gar kein Geheimnis mehr daraus mache. Denn es darf passieren. Die Psyche hat die gleiche Berechtigung einzuknicken, wie ein Knochen, auf den lange genug eingeschlagen wird, einen Gips würde man hingegen nie verstecken.

Allerdings habe ich das nicht immer so sehen können und erst als ich von außerhalb langsam das Gefühl vermittelt bekam, krank sein zu dürfen, konnte ich es mir auch in der Form eingestehen, die nötig war, um daran zu arbeiten. Zu diesem Zeitpunkt hatte schon nur noch die Gleichgültigkeit in mir geherrscht. Doch manchmal gab es diese unscheinbaren Momente. Als Emilia kurz nach unserem ersten Treffen für eine Sekunde ihre Hand auf meine legte. Alex mich immer wieder in den Arm nahm, nachdem er mich gerade erst kennengelernt hatte. Freya sich zu mir setzte, obwohl auf meiner Stirn eindeutig „Totalschaden" stand. Oder als mir meine Therapeutin noch immer verständnisvoll in die Augen schaute, als ich zum zehnten Mal eine Frage stellte, mit der ich zu testen versuchte, ob sie mir noch in meine gedanklichen Sphären folgen kann. Letztendlich waren das die Leuchtfeuer, die wieder etwas in mir aufflackern ließen und mir zeigten, dass es noch etwas geben muss, was in der Bitternis verloren gegangen war, für das es sich aber zu kämpfen lohnte.

Meinem Zuhause bin ich zu dieser Zeit noch immer fremd gewesen. Allerdings hatte ich vergessen, dass Anwesenheit dort immer mehr wert war als Leistung. Dass man nie an uns Kindern gespart hätte. Dass mein Opa früher mit mir auch nach einem langen Arbeitstag noch Fußball gespielt hat und man die Blumen in Omas Garten versehentlich kaputt schießen durfte, ohne dafür Ärger zu bekommen. Oder dass meine Tante im Restaurant immer ihr Essen getauscht hat, wenn man sein eigenes nicht mochte. Mein Blick war zu lange zu verzerrt, als dass ich erkennen konnte, dass das alles nicht selbstverständlich ist und wie viel Halt es mir als Kind gegeben hat.

Als meine Probleme akuter wurden, schien sich auch meine Mutter oft zu fragen, ob sie etwas hätte anders machen können. Wenn ich in den letzten Monaten aber eine Sache gelernt habe, dann, dass das richtige Maß an mütterlicher Fürsorge das Wertvollste ist, was man hinsichtlich der eigenen Entwicklung überhaupt bekommen kann. Trotz all dem, was sie selbst mit ansehen musste, hat sie es geschafft aufrecht zu bleiben und mir als Kind und Erwachsener so viel Gutes mit auf den Weg zu geben, dass ich selbst im größten Chaos genug Vertrauen in diese Welt hatte, um mich durchbeißen zu wollen.

Bei allem, was man selbst beitragen kann, weiß ich, dass Freunde und Familie Ressourcen sind, die sich nicht einfach herbeizaubern lassen. An meinem 21. Geburtstag hatten sich abgesehen von meiner Familie, mit der ich zu dieser Zeit alles andere als ein familiäres Verhältnis pflegte, lediglich drei Leute per SMS bei mir gemeldet. Erst als ich anfing, mich langsam aus dem Loch zu schleppen, fand ich zu jenen, die mich durch die Zeit getragen haben:

Burak	Johi	Katja	Helbig
Lisa B.	Elena	Lea	Lisa Z.
Moni	Selma	Lena	Caro
Meike	Nami	Alex	Funda
Bella	Natha	Anna	Natalie
Nina	Chris	Sandra	

Ihr seid zu meinem 30. eingeladen! Mit Partner.
Und tausend Dank an alle Korrekturleser! Ja, ihr seid auch eingeladen.

www.die-jungen-depressiven.de